Steinmännchen am Amitsorsuaq ☞ Etappe 4

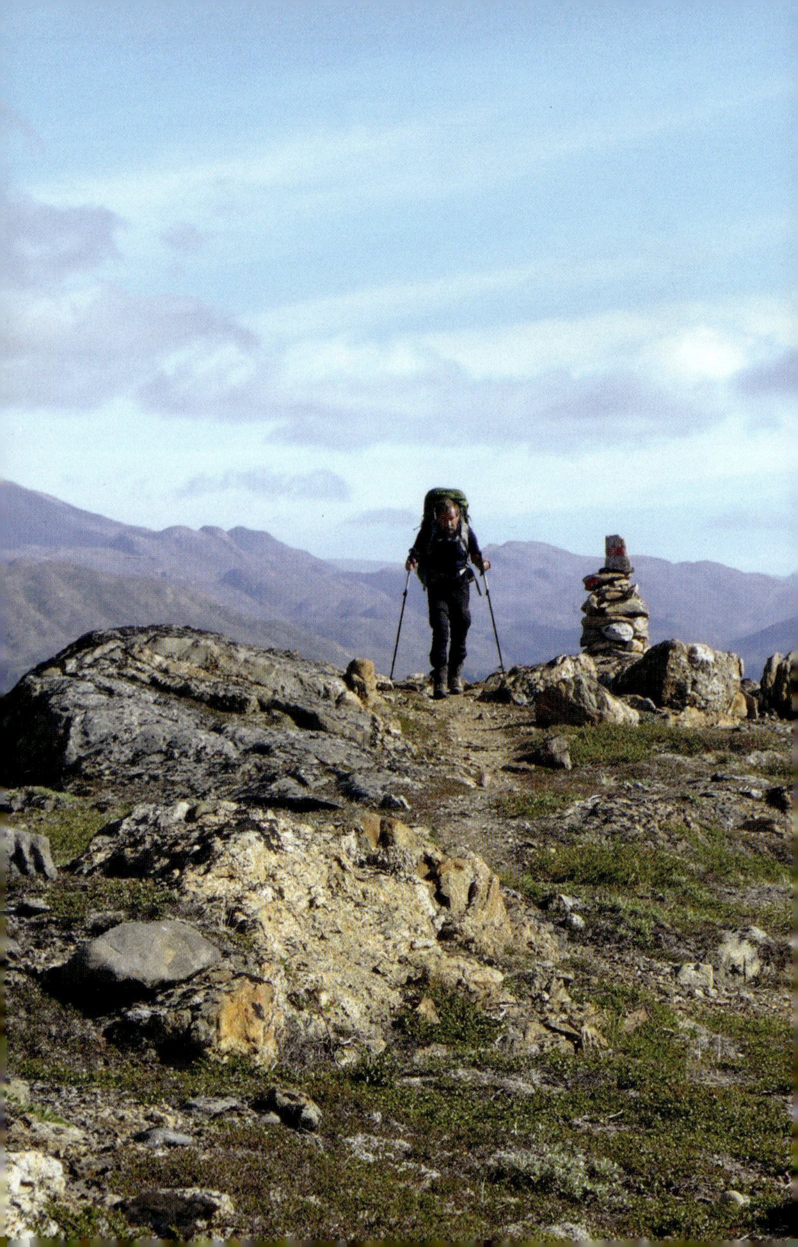

Band 137

OutdoorHandbuch

Meike Woick, Oliver Schröder und David Kuhnert

Grönland: Arctic Circle Trail

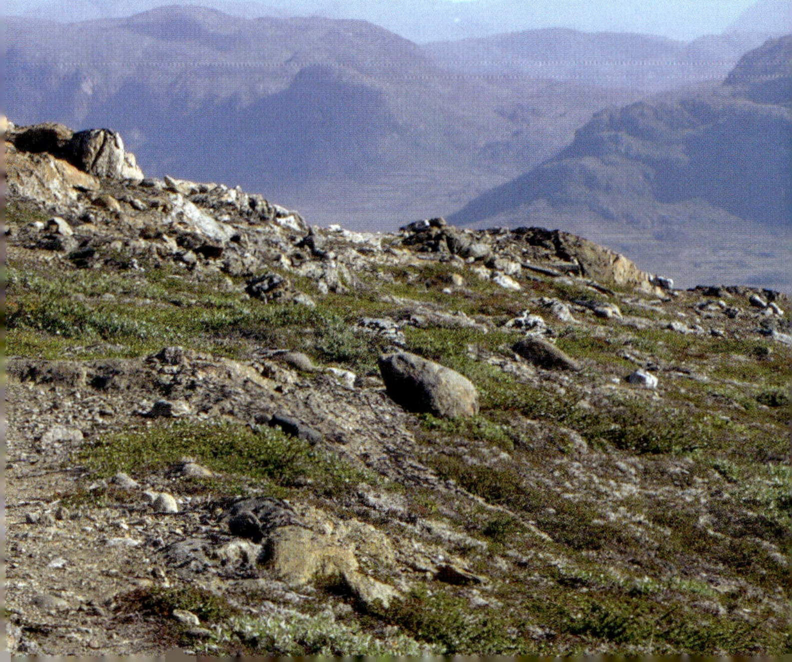

Grönland: Arctic Circle Trail

Die Autoren und der Verlag sind für Lesertipps und Verbesserungen (besonders per E-Mail) unter Angabe der Auflagen- und Seitennummer dankbar.

Dieses OutdoorHandbuch hat 160 Seiten mit 44 farbigen Abbildungen sowie 14 farbigen Kartenskizzen, 11 farbigen Höhenprofilen und 2 farbigen Übersichtskarten. Es wurde auf chlorfrei gebleichtem Papier gedruckt, in Deutschland klimaneutral hergestellt und transportiert (die Zertifikatnummer finden Sie auf unserer Internetseite) und wegen der größeren Strapazierfähigkeit mit PUR-Kleber gebunden.

Dieses Buch ist im Buchhandel und in Outdoor-Läden erhältlich und kann im Internet oder direkt beim Verlag bestellt werden.

Titelfoto: Begegnung mit einem Rentier auf der 2. Etappe

OutdoorHandbuch aus der Reihe „Der Weg ist das Ziel“, Band 137

ISBN 978-3-86686-137-4 2., überarbeitete Auflage 2014

Dieses OutdoorHandbuch wurde konzipiert und redaktionell erstellt vom Conrad Stein Verlag GmbH, Kiefernstraße 6, 59514 Welver,
☏ 023 84/96 39 12, FAX 023 84/96 39 13,
info@conrad-stein-verlag.de, www.conrad-stein-verlag.de

Werden Sie unser Fan: www.facebook.com/outdoorverlage

Text: Meike Woick, Oliver Schröder und David Kuhnert
Fotos: Meike Woick
Karten: Heide Schwinn
Lektorat: Kerstin Becker
Layout: Manuela Dastig
Gesamtherstellung: AZ Druck und Datentechnik GmbH, Kempten

Inhalt

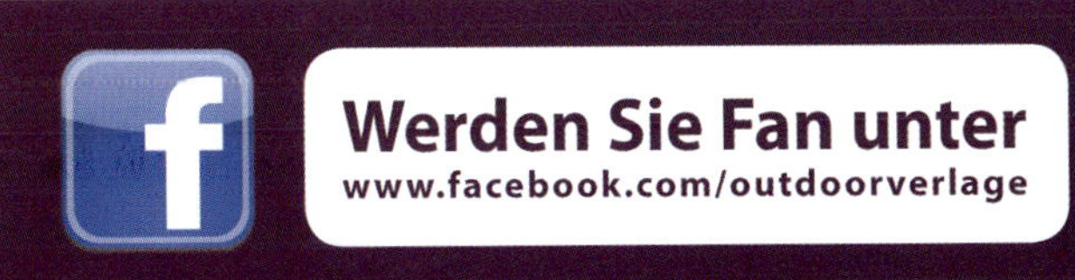

Werden Sie Fan unter
www.facebook.com/outdoorverlage

Über die Autoren

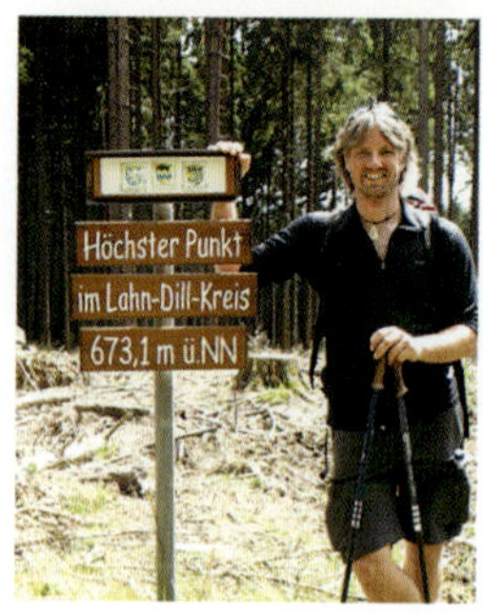

David Kuhnert, Jahrgang 1977, sammelte bei zahlreichen Unternehmungen zu Fuß, auf Schneeschuhen und per Rad wertvolle Erfahrungen über das Leben in und mit der Natur. Die Reisen führten den Lehrer, der seit Anfang 2006 in Husum an der Nordsee wohnt, vor allem in die skandinavischen Länder, nach Grönland, aber auch in die Alpen. Seit dem Umzug nach Husum kann man ihn regelmäßig im Seekajak auf Nord- und Ostsee treffen.

Vor der Geburt seiner zwei Kinder zog es den begeisterten Wanderer und Radfahrer Oliver Schröder zu ausgiebigen Reisen v.a. in die skandinavischen und baltischen Länder. Mittlerweile trifft man ihn aber häufiger in den Wandergebieten unweit seines Heimatortes Dortmund, die er nicht nur wegen der besseren Erreichbarkeit zu schätzen gelernt hat.

Meike Woick, studierte Betriebswirtin, nahm bereits als Kleinkind an Fernreisen und Expeditionen teil. In Begleitung ihrer reisefreudigen Eltern führten die Touren mit dem eigenen Fahrzeug und Dachzelt durch die Sahara und viele Jahre durch einen Großteil Afrikas. Seit mittlerweile 15 Jahren entdeckt sie die Welt auf eigene Faust und blickt auf viele Fernwanderungen in Europa, Backpackingtouren durch Afrika, Asien und Europa, Reisen nach Alaska, Kanada und Island sowie vielfältige Berg- und Gletschertouren zurück.

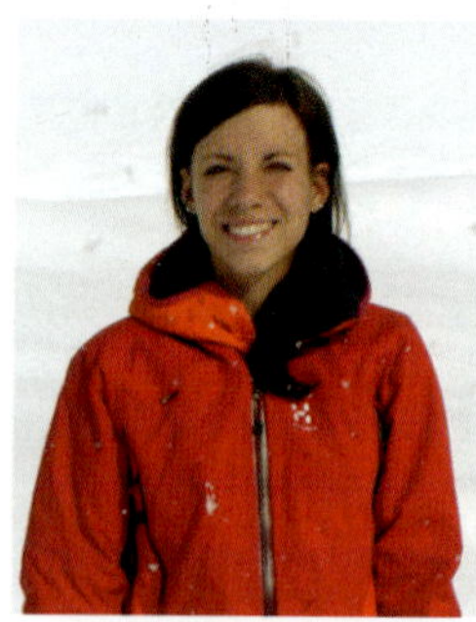

Symbole

	Achtung!		Flug		Kanu(verleih)
	Angelmöglichkeit		Fototipp		Lagerplatz
	Aussichtspunkt		geöffnet...	⌘	Museum
	Bademöglichkeit		GPS-Koordinaten		Post
BANK	Bank/Bankomat		Homepage		Radfahren
	Buchtip		Hotel, Pension		Restaurant
	Campingplatz		Hütte		Telefon
	E-Mail-Adresse		Information	☺	Tip
	Einkaufen	@	Internetcafé		Verweis
FAX	Fax		Jugendherberge		Wandern

Vorwort

Fernwanderwege gibt es viele, Gründe diesen oder jenen zu gehen noch viel mehr. Zu den weltweit schönsten Wegen gehört jedoch der Arctic Circle Trail. Unbestritten! Der Zeitrahmen von gut zwei Wochen, das Erleben neuer Landschaften, die Flucht vor Hektik und Stress, das Besinnen auf das Wesentliche, die Einsamkeit, das Aufsichalleinegestelltsein, um nur einige zu nennen, bildeten den Rahmen unserer Wahl.

Wo kann man sonst noch unbeschwert tagelang in der Einsamkeit der urwüchsigen Landschaft wandern, zelten, sich mit sauberem Trinkwasser versorgen und die Natur pur genießen?

Der **Arctic Circle Trail** verläuft durch die größte zusammenhängende eisfreie Fläche Westgrönlands etwa 100 km nördlich des Polarkreises zwischen dem ehemaligen Militärflugplatz der USA und jetzigem zivilen Flugplatz Kangerlussuaq mit ungefähr 700 Einwohnern und der westlich gelegenen Hafenstadt Sisimiut mit knapp 6.000 Einwohnern. Von dieser Lage ist der Name **Arctic Circle Trail** abgeleitet, der auf den topografischen Karten als **Polar Route** bezeichnet wird.

Die unberührte arktische Landschaft nördlich des Polarkreises begeistert durch ihr abwechslungsreiches Erscheinungsbild. Zunächst erwarten Sie traumhafte Seen mit kristallklarem Wasser, fantastischen Stränden und einer atemberaubenden Weite. Mit ein wenig Glück können Sie einen Teil des Weges mit den am Amitsorsuaq liegenden Kanus zurücklegen. Es folgen nicht minder eindrucksvolle Fjällregionen im Wechsel mit malerischen Flusstälern, bis Sie schließlich den wunderschönen Kangerluarsuk Tulleq Fjord und das Küstengebirge in der Region Sisimiut erreichen. Es erwartet Sie eine beeindruckende Natur fernab jeglicher Zivilisation.

Ohne Versorgungsmöglichkeiten, sieht man vom Trinkwasser ab, verläuft der Weg über 174 km teilweise sehr schwieriger, steiniger, matschiger Oberfläche, durch unzählige größere und kleinere Gewässer und über insgesamt 3.600 Höhenmeter Auf- und Abstieg.

Aber eines vorweg - jeder erlebt den Arctic Circle Trail zu jeder Jahreszeit individuell und völlig anders. Gute Kondition und Durchhaltevermögen, ausreichende Kenntnisse im Umgang mit Karte, Kompass und GPS-Gerät sind wichtige Voraussetzungen für ein Gelingen der Tour, denn auf die Landschaftsmarkierungen durch Steinmännchen kann man sich nicht immer verlassen.

Auch deshalb sind die zu lesenden Ausrüstungstipps immer in Bezug auf das jeweilige Klima zu beziehen und können vom Durchschnitt deutlich abweichen.

Die empfohlene Dauer sind 10 bis 12 Tage, wenn man auch noch Muße für die Landschaft, fürs Fotografieren, eben fürs Genießen haben möchte. Den **Arctic Circle Trail** in 7 Tagen „zu machen" halten wir für völlig sinnfrei - von einem Trainingsaspekt einmal abgesehen.

Die für den Tourismus in Grönland zuständigen Verwaltungen möchten den **Arctic Circle Trail** weiterentwickeln, aber den zunehmenden Wandertourismus im Einklang mit der Natur halten. Ein Spagat, der nicht so ganz einfach sein dürfte.

Es wurde z.B. in der Vergangenheit überlegt, ein gebührenpflichtiges Permit vorzuschreiben, dessen Erlöse einer verbesserten Infrastruktur zugutekommen sollten. Diese Gedanken sind aber derzeit vom Tisch. Auch die Anzahl der Hütten war ein Diskussionsthema, da die Abstände für reine

Hüttentouren zu unregelmäßig und stellenweise auch zu weit sind. Auch davon ist man abgekommen - im Sinne eines gemäßigten, naturverträglichen Tourismus.

Dagegen wurde die zeitweise sehr gefährliche Furt über den **Ole's Lakseelv** durch den Bau einer Metallbrücke entschärft. Bei den geringen Wasserständen bei Sommer- und Herbstwanderungen wird man die **Brücke** nur südlich des Weges liegen sehen, eine Überquerung ist hier nicht notwendig.

Der Zustand der Hütten ist allgemein sehr gut, sie sind wärmeisoliert, haben Isolierglas-Fenster, Kochnischen, Betten und bis auf Ausnahmen einen funktionierenden Petroleumofen. Die Hütten waren zumindest im Herbst 2013 sauber gestrichen, die Betten und Matratzen in einwandfreiem Zustand. Müllkisten und stabile Säcke für die Toilettenabfälle, Besen, Handfeger waren durchweg vorhanden. Die Wartung und Instandhaltung der Hütten wird, wie auch das Leeren der Müllkisten, in größerem Abstand durchgeführt.

Leider sind die Hütten nicht selbstreinigend und befinden sich gegebenenfalls in einem „unwürdigen" Zustand, der schließlich das Entsorgen der Toilettenbeutel ebenso erzwingen kann wie Lüften, Müll raustragen, fegen usw. Das ist aber kein Problem der Hütten oder der Grönländer, sondern ausschließlich das der Touristen!

Unabhängig davon, ob sich an der Infrastruktur des Arctic Circle Trail etwas ändern wird oder nicht, werden Sie in dieser unendlich erscheinenden und grandiosen arktischen Natur ein intensives Naturerlebnis haben, das seinesgleichen sucht.

Mit diesem Buch möchten wir Ihnen nicht nur eine Hilfe bei der **Organisation** und Durchführung Ihrer Reise nach Grönland bieten, sondern Sie auch auf die Verletzlichkeit der arktischen Natur hinweisen (insbesondere auch ☞ Reise-Infos von A bis Z: Naturverträgliches Wandern). Es bedarf der Anstrengung und der Rücksicht eines jeden einzelnen, damit auch zukünftige Generationen noch an dieser einmaligen Landschaft ihre Freude haben können.

An dieser Stelle bleibt uns nur noch der Wunsch, Ihnen für Ihre Reise alles Gute und viele intensive Erlebnisse zu wünschen, die eine tiefe Begeisterung für diese einmalige Landschaft hervorrufen. Wer einmal nach Grönland gefahren ist, will immer wieder dorthin zurückkehren!

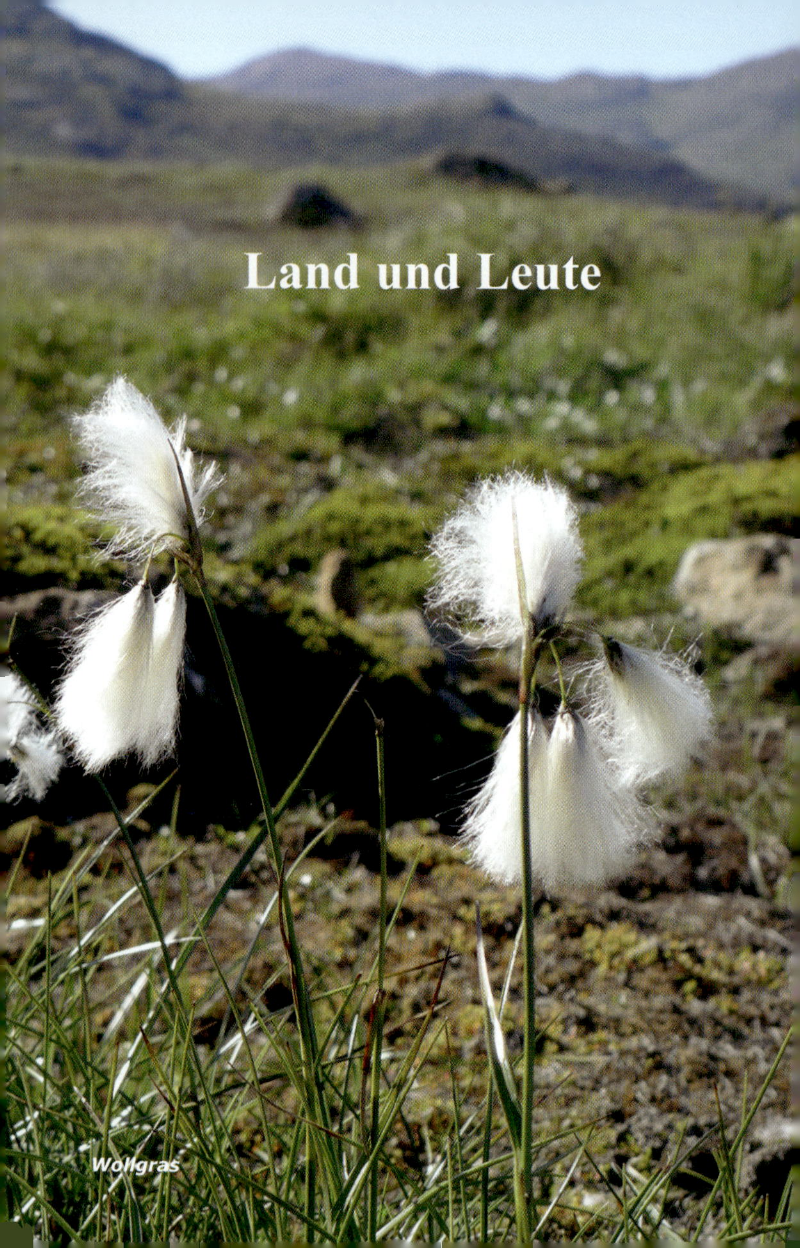

Land und Leute

Wollgras

Geografie

Zwischen 59°46' und 083°37' nördlicher Breite sowie 11°39' und 073°08' westlicher Länge erstreckt sich Grönland, mit 2.175.600 km² die größte Insel der Welt. Lediglich 341.700 km² sind bewohnbar, da etwa 81 % des Landes ständig mit Eis bedeckt sind. Die eisfreie Fläche entspricht in etwa der Fläche der Bundesrepublik Deutschland. Sie hat eine Fläche von 357.042 km² und ist somit etwa sechsmal kleiner als **Kallaliit Nunaat**, das Land der Menschen, wie die Grönländer ihre Heimat nennen. Allerdings leben in Grönland nur ca. 56.370 Menschen.

Zwischen **Kap Farvel**, dem südlichsten Punkt des Landes, der in etwa auf der Höhe der norwegischen Hauptstadt Oslo liegt, und **Kap Morris Jesup**, dem nördlichsten Punkt des Landes, von dem es nur noch 740 km bis zum Nordpol sind, liegen etwa 2.670 km. Die größte Ost-West-Ausdehnung des Landes beträgt 1.050 km. Etwas südlich der zweitgrößten Stadt des Landes, **Sisimiut**, verläuft der Polarkreis auf 66° 30' nördlicher Breite.

Geografisch gehört Grönland zum amerikanischen Kontinent. Lediglich 26 km beträgt die Entfernung zur kanadischen Ellesmere Island an der engsten Stelle, dem Robeson-Kanal. Im Winter besteht über das Eis eine Verbindung zwischen Grönland und dem kanadischen Festland. Diese Verbindung spielte eine wichtige Rolle in der Besiedlungsgeschichte Grönlands (☞ Land und Leute: Geschichte).

Der eisfreie Teil des Landes erstreckt sich entlang der Küste und ist in der Region um **Sisimiut** und **Kangaamiut** an der Westküste bis zu 150 km breit. An der Ostküste findet man die höchsten Gebirgszüge des Landes. Nördlich von Scoresbysund sind sie über 3.000 m hoch, der höchste ist das Gunnbjørn Fjeld mit 3.700 m.

Die größte zusammenhängende eisfreie Fläche befindet sich im Norden des Landes, das **Peary Land**. Generell ist die Küste von Fjorden, die bis zu 300 km lang sind, gekennzeichnet. Stoßen die Fjorde direkt ans Inlandeis, dann kann man das Phänomen der kalbenden Gletscher beobachten, die Entstehungsorte der Eisberge. Zudem liegen vor der Küste große Schärenlandschaften und Inseln, von denen **Disko** die größte ist.

Geologisch gehört Grönland zu den ältesten Ländern der Erde, plattentektonisch gehört es zum amerikanischen Kontinent. Die ältesten Gesteine findet man an der Westküste zwischen **Paamiut** und **Kangerlussuaq.** Granite und Gneise, die teilweise aus dem **Präkambrium** stammen, der Urzeit der Erde vor etwa 4.500 Mio. bis 600 Mio. Jahren. Jüngsten Datums sind die Diskoinsel, der westliche Teil der Nuussuaq-Halbinsel sowie das Gebiet südlich von Ittoqqortoormiit. Sie alle sind vulkanischen Ursprungs und im **Tertiär** entstanden.

Das Inlandeis

Mit etwa 1,8 Millionen km² bedeckt das Inlandeis etwa 82 % der Gesamtfläche Grönlands. Pflanzenabdrücke in Gesteinen, die man im Gebirge der Westküste finden kann, weisen aber darauf hin, dass das Land nicht immer von dem riesigen **Eisschild** bedeckt war. Die Abdrücke zeigen etwa Brotfruchtbäume und Sumpfzypressen, die in Gegenden mit subtropischem Klima zu Hause sind. Und tatsächlich herrschte in der **Kreide- und Tertiärzeit** vor 2,5 bis 135 Millionen Jahren ein warmes Klima. Nur die höchsten Bergspitzen waren damals schnee- und eisbedeckt.

Gegen Ende des Tertiärs nahmen die Temperaturen zusehends ab. Auf den Gipfeln der Küstengebirge bildeten sich erste **Gletscher**, und in den Tälern befanden sich große Schneefelder. Das Landesinnere war durch die hohen Gebirge an der Ost- und Westküste geschützt. Dies hatte ein noch für lange Zeit trockenes Klima zur Folge. Dagegen wuchsen die Gletscher der Küstengebirge stetig und erstreckten sich bald bis zum Meer. Nach und nach wuchsen die Küstengletscher zusammen, so dass Grönland von einem Küsteneisgürtel umgeben war. Dieser verhinderte wiederum den Abfluss der Flüsse aus dem Landesinneren, so dass diese Gebiete allmählich versumpften.

Nach und nach bildeten sich aber auch im Inneren Grönlands Schneefelder, die nicht mehr schmolzen. Unter dem Druck des Neuschnees vergletscherte auch das Landesinnere, bis sich schließlich diese neu entstandenen Gletscherzungen mit denen der Küstengebirge verbanden. Grönland war von einer dünnen Eisschicht überzogen. Die ausgedehnte Eisfläche beeinflusste das Klima dermaßen, dass die Bedingungen für ein stetiges Anwachsen der Eisdecke geschaffen waren. Zur Zeit der größten vertikalen und horizontalen Ausbreitung der Eiskappe während der Eiszeiten in Europa und Nordamerika war das gesamte Land von Eis bedeckt. Am Ende der letzten **Eiszeit** begann die Eisdecke langsam abzuschmelzen und gab die heutigen eisfreien Küstenstreifen frei.

Mit einer aktuellen **Eisdicke** von bis zu 3.600 m weist Grönland nach dem antarktischen Inlandeis, dessen Maximalwerte bis zu 4.776 m in **Adelieland** reichen, die weltweit zweitgrößte Eisdicke auf. Würde es zu einer vollständigen Schmelze des gesamten grönländischen Eisschildes kommen, so würde der Wasserpegel weltweit um sechs bis sieben Meter ansteigen. Durch den ausbleibenden Druck des Eises auf die Erdoberfläche würde die isostatische Bodenhebung ca. 600 m betragen. Aktuelle Messungen ergeben einen Meeresspiegelanstieg von 3 mm pro Jahr, wobei lediglich 0,5 mm auf grönländisches Eis zurückzuführen sind.

Spätestens mit Veröffentlichung des 4. **Weltklimaberichts** des **Panel on Climate Change (IPCC)** im Jahre 2007 wurde Grönland zum Synonym für die dramatischen Auswirkungen des **Klimawandels**. Insbesondere das arktische Eisschild, dessen Oberfläche zunehmend große Schmelzwassergräben aufweist, ist derzeit Untersuchungsgegenstand hunderter Forscher. Die jährliche **Schmelzrate** des grönländischen Eisschildes beträgt mit etwa 260 km^3 Eis bereits das Dreifache der beobachteten Rate von 96 m^3 des Zeitraums von 1996 bis 2003. Als Ursache nennen Klimaexperten die globale Erwärmung, welche in den letzten 5 Jahrzehnten zu einer um 3-4°C gestiegenen Durchschnittstemperatur in Grönland führte. Der weltweit durchschnittliche Temperaturanstieg beträgt nur knapp 1°C in den letzten 100 Jahren.

Einer sechsköpfigen Expedition unter Leitung des Norwegers **Fridtjof Nansen** gelang es 1882, die gewaltigen Eismassen, die den Untergrund in der Mitte Grönlands etwa 800 m abgesenkt haben, von Osten nach Westen zu durchqueren. Nebenbei hatte der Erfolg der Expedition die Etablierung von Skiern zur Folge. Die Erfahrungen der Expedition schildert Nansen in seinem Buch „Auf Schneeschuhen durch Grönland" (☞ Literatur).

Die Temperaturen auf dem Inlandeis variieren von -5°C im Süden, über -30°C im Zentrum bis -20°C im Norden. Im Winter wurden aber auch schon Temperaturen von -70°C gemessen.

Da über die dünneren Eisschichten an den Küstenstreifen Schmelzwasser abgeführt wird und es zahlreiche Abflussgletscher gibt, die direkt ans Meer stoßen, schmilzt das Inlandeis, in erdgeschichtlichen Zeiträumen gedacht, ab. Der Watson River, der bei Kangerlussuaq in den Søndrestrømfjord mündet, ist ein solcher Schmelzwasserfluss. Noch beeindruckender als die gewaltigen Schmelzwasserflüsse sind aber sicherlich die Eisberge, die durch Kalben der besagten Abflussgletscher entstehen. In Kangerlussuaq, aber auch in Sisimiut wird man diese gewaltigen Naturerscheinungen leider vergeblich suchen.

Geschichte

Nach heutigem Kenntnisstand begann die Besiedlung Grönlands vor etwa 4.500 Jahren. Seitdem kamen im Abstand von einigen Hundert Jahren immer wieder eskimoische Einwanderer ins Land. Diese Einwanderer der Frühzeit bezeichnet man als **Paläoeskimo**. Man unterscheidet insgesamt drei paläoeskimoische Kulturen, die Independence-, die **Saqqaq**- und die **Dorset**-Kultur. 1000 n.Chr. gelangten die Eskimo auf die Insel, die als Vorfahren der heutigen Inuit-Bevölkerung gelten. Sie bezeichnet man als **Neoeskimo**. Ihre Kultur wird als **Thule**-Kultur bezeichnet.

Die geschichtlichen Verbindungen Grönlands mit Europa begannen im Mittelalter. Zu dieser Zeit siedelten für mehrere Jahrhunderte die Normannen im Land. Ab dem 17. Jahrhundert gingen die Holländer vor den Küsten Grönlands auf Walfang. In der Mitte des 18. Jahrhunderts begann die Kolonialherrschaft der Dänen, die rund 200 Jahre dauerte.

Auch heute ist Grönland noch Teil des Königreichs **Dänemark**, seit 1979 aber mit weitgehend autonomen Rechten.

Independence-Kultur

Die ältesten gefundenen Spuren stammen aus der Zeit der **Independence-Kultur**. Sie ist benannt nach dem **Independence-Fjord** im Nordosten Grönlands, wo man Überreste ihrer Wohnplätze gefunden hat. Die Funde sind etwa 4.500 Jahre alt. Die Menschen der Independence-Kultur gelangten über den zugefrorenen Robeson-Kanal vom Gebiet der Franklin-Bay im Nordosten von Ellesmere-Land in Kanada nach Grönland, die so genannte „**Moschusochsenroute**". Knochenfunde und die Größe der gefundenen Waffen und Werkzeuge weisen darauf hin, dass die **Independence-Bevölkerung** vor allem **Moschusochsen** jagte. Die Werkzeuge dienten zum Zerlegen und

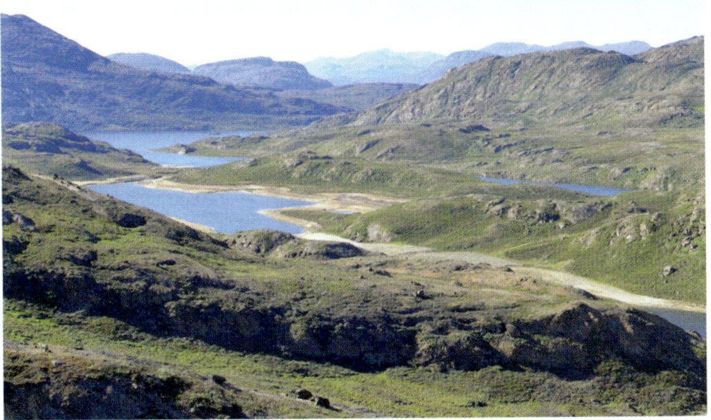

In trockenen Sommern fällt der Wasserpegel und legt traumhafte Sandstrände frei.

Häuten der Tiere. Aber auch Walrosse und Robben wurden vom Eis aus erlegt. Ein weiteres Merkmal der **Independence-Kultur** waren die charakteristischen Behausungen. Sie hatten einen elliptischen Grundriss und einen Mittelgang, der beidseitig von aufgestellten Platten begrenzt wurde. Im Zentrum des Mittelgangs befand sich die Feuerstelle, die mit aus Sibirien stammendem Treibholz gefüttert wurde. Da keine Lampen gefunden wurden, nimmt man an, dass sich zur Zeit der **Independence-Kultur** wenig Eis im Polarbecken befunden haben muss. Auf diese Weise konnten große Mengen Treibholz bis an die Küste Nordgrönlands gelangen. Überhaupt scheint es verwunderlich, dass diese Region, die heute gänzlich unbewohnt ist und in der ein menschenfeindliches Klima herrscht, einmal bewohnt gewesen sein soll. Analysen von Kernbohrungen im Inlandeis zeigen aber, dass zur Zeit der **Independence-Kultur** eine Wärmeperiode herrschte, die das Land bewohnbar machte.

Saqqaq-Kultur

Fast zeitgleich mit den **Independence-Eskimo** ließen sich die **Saqqaq-Eskimo** 2.400 Jahre v.Chr. in Grönland nieder. Trotz des geringfügigen zeitlichen Unterschieds hatte die **Saqqaq-Kultur** einen höheren Entwicklungsstand, was sich an den ausgegrabenen Waffen, Werkzeugen, dem Hausrat und der

Kleidung zeigt. Den Ausgrabungen nach zu urteilen waren bei ihnen sogar fellbespannte Kajaks in Gebrauch. Im Gegensatz zu den einfach gearbeiteten Waffen und Werkzeugen der **Independence-Kultur** war hier alles sehr sorgfältig und kunstvoll verarbeitet.

Die **Saqqaq-Kultur** wurde ebenfalls nach dem Fundort eines Wohnplatzes bei **Saqqaq**, einer Siedlung in der nördlichen Diskobucht, benannt. Die Menschen besiedelten vornehmlich die Westküste Grönlands. Man vermutet den Einwanderungsweg ebenfalls von Ellesmere-Land südlich von Kap Alexander über den Smith-Sund. In Grönland angekommen, wanderten sie allerdings die Westküste entlang in Richtung Süden. So ließen sich vor allem in der Diskobucht in Sermermiut nahe Ilulissat spektakuläre Funde verzeichnen. Hier konnte sogar eine ganze Schichtenfolge freigelegt werden, die eine klare Abfolge von **Saqqaq**, **Dorset** und **Thule** erkennen lässt. Die gefundenen Werkzeuge und Waffen erinnern stark an Waffen, die man bei Kulturen in Alaska gefunden hat. Neben der **Diskobucht** hat man weitere Funde entlang der Westküste in Richtung Süden verzeichnet, so beispielsweise in Sisimiut, wo im Heimatmuseum eine Ausstellung zur **Saqqaq-Kultur** und archäologischen Arbeitsweisen besucht werden kann, aber auch im Gebiet um Nuuk.

Man vermutet, dass die **Saqqaq-Bevölkerung** bis an die Südspitze Grönlands gewandert ist, um von dort an der Ostküste wieder in Richtung Norden zu wandern. Darauf weisen jedenfalls Funde hin, die man in der Nähe von Ammassalik gemacht hat und die eindeutige Saqqaq-Spuren enthalten. Waffenfunde sprechen dafür, dass die **Saqqaq-Eskimo** hauptsächlich Rentiere jagten. Die Rentierjagd wurde mit Pfeil und Bogen betrieben. Weitere Funde deuten darauf hin, dass neben dem Rentier die Robbe Hauptnahrungsquelle war sowie Lachse und Forellen, die im Sommer gefangen wurden. Mit Saqqaq kamen auch erstmals Hunde nach Grönland. Man weiß jedoch nicht, wie und ob sie eingesetzt wurden. Die Spur der **Saqqaq-Eskimo** verliert sich im letzten vorchristlichen Jahrhundert, ohne dass man Gründe für das Ende der Kultur kennt.

Dorset-Kultur

Die letzte der drei paläoeskimoischen Kulturen ist die **Dorset-Kultur**. Ihre Lebensweise kennt man nicht nur auf Grund archäologischer Funde, sondern auch aus alten, mündlich überlieferten Sagen.

Der Ursprung der **Dorset-Kultur** liegt auf dem amerikanischen Festland, genauer im nördlichen Kanada. 600 v.Chr. drang sie bis nach Grönland vor. Die **Dorset-Gruppen** ließen sich sowohl an der Ost- als auch an der Westküste nieder. Die rechteckigen Häuser hatten Wände aus Steinen und Torf, das Dach bestand vermutlich aus Fellen mit einem Loch, das als Rauchabzug diente. Ähnlich wie bei den Saqqaq-Gruppen dienten kleine Lampen lediglich zur Beleuchtung, während ein Feuer für die notwendige Wärme sorgte. Verbrannt wurden neben Holz und Strauchwerk auch Knochen und Speck.

Die überlieferten Sagen der **Dorset-Kultur** erzählen beispielsweise von den Robbenfängern, den **Tunit**, die den Tieren mit einer kleinen Lampe unter dem Mantel an den Atemlöchern im Eis auflauerten. Die Lampe sollte die **Tunit** vor der Kälte schützen. In ihrem Jagdeifer vergaßen die Jäger dann jedoch häufig die Lampen und verbrannten sich den Bauch, was Brandnarben zur Folge hatte.

Im Gegensatz zu den Jägern der Saqqaq-Kultur wurden **Rentiere** nicht mit Pfeil und Bogen geschossen. Vielmehr wurden die Tiere an den Wasserstellen gejagt, wo sie mit Lanzen erlegt wurden. Auch Hunde und Kajaks besaßen die **Dorset-Menschen** nicht.

Schließlich weisen Funde darauf hin, dass die **Dorset-Menschen** aber im Besitz des Schneemessers waren. Somit kann man annehmen, dass sie die Erfinder des Iglus waren, in denen die Eskimo nach Vorstellung vieler Menschen seit jeher gelebt haben und noch heute leben.

Thule-Kultur

Die **Thule-Eskimo** kamen vermutlich 1000 bis 1100 n.Chr. nach Grönland. Ihren Namen bekamen sie aufgrund von Funden bei Thule, dem heutigen Qaanaaq. Genau kann man den Zeitpunkt der Einwanderung nicht angeben, aber dank der bereits erwähnten Funde in Sermermiut steht fest, dass dies vor 1150 n.Chr. geschehen sein muss. Sie gelten heute als die Vorfahren der Inuit-Bevölkerung. Nach und nach breiteten sich die **Thule-Eskimo** entlang der Küsten aus. Von dort fuhren sie mit **Umiaks**, den traditionellen Frauenbooten, und Kajaks auf Robben- und Walfang. An Land jagten sie mit Pfeil und Bogen, Messern und Lanzen. Die Bogen stellten sie mangels brauchbaren Holzes aus Walbarten her. Dazu bündelten sie einige Barten, die schließlich fest verbunden zu einem Bogen verspannt wurden. Die Barten der Wale wurden des Weiteren benutzt, um verschiedenste Hausgeräte herzustellen: Sie wurden als eine Art Matratze verwendet, aus ihnen wurde Angelschnüre hergestellt und Gleitflächen für die Schlittenkufen. Die Pfeilspitzen wurden aus Knochen hergestellt. Mit Hilfe des Drillbohrers konnten sie kleine Löcher bohren und Feuer machen. Das heute noch verbreitete **Ulo**, das Frauenmesser, diente selbigen zum Zerlegen der Felle.

Die ältesten Häuser der **Thule-Eskimo** hatten eine Kleeblattform. Der Stängel fungierte als Eingang. An der Rückwand stand die Schlafpritsche, davor befand sich eine große Tranlampe, die sowohl Licht als auch Wärme spendete. Über ihr wurde in einem Steingefäß gekocht.

Aufgrund des Walfangs, der nur in der Gemeinschaft betrieben werden konnte, bildeten sich allmählich größere Wohnplätze, an deren Spitze ein Wortführer stand.

Durch die verstärkte Jagd auf Robben und kleine Wale vom Kajak aus entstand eine weitere Kultur, die **Inussuk-Kultur**. Sie ist nach der westgrönländischen Insel Inussuk im Upernavik-Distrikt benannt. Sie ist eine Weiterentwicklung der **Thule-Kultur**. Die Erfindung des **Ganzpelzes** schützte die Jäger auf dem Wasser vor Wind und Wellen. Hinzu kam die Erfindung einer Spritzdecke aus wasserdichter Haut, die das Sitzloch vor Wasser schützte. Man kann sich diese Haut vorstellen wie man sie heute von modernen Kajaks kennt. Schließlich wurden die Haut und der **Ganzpelz** zusammengenäht. Durch diese Verbindung konnte letztendlich kein Wasser mehr ins Kajak eindringen.

Die großen Wale wurden vom Umiak aus gejagt. Um sich vor der beißenden Kälte zu schützen, erfand man den Springpelz. Dieses wasserdichte und aus Häuten gefertigte Kleidungsstück gab nur das Gesicht frei. Unter dem Pelz befand sich ein Luftpolster. Bei der Jagd wurde nun versucht, den Wal mit Lanzen zu verletzen, um ihn auf diese Weise zu schwächen. War das gelungen, sprang ein Jäger - natürlich im Springpelz, daher auch der Name - auf das Tier und versuchte, es zu töten. Dank der Luftpolster im Springpelz blieb der Jäger bei einem vergeblichen Versuch an der Wasseroberfläche und konnte ins Boot gezogen werden.

Die **Inussuk-Eskimo** zogen an der Ostküste bis in die Regionen zwischen Ittoqqortoormiit und Peary-Land, wo sie bis zum Ende des 19. Jahrhunderts lebten. Diese Gebiete sind heute aufgrund der klimatischen Bedingungen unbewohnt, so dass man davon ausgehen kann, dass zur Zeit der **Inussuk-Kultur** ein gemäßigteres Klima herrschte.

Die Normannen

Eine alte isländische Sage erzählt vom **Wikinger Gunnbjörn**, der 875 durch einen Sturm an die Ostküste Grönlands getrieben wurde. Möglicherweise war er der erste Europäer, der Grönland entdeckte.

Im Jahre 981 machte sich **Erik der Rote**, gerade auf dem Thing von Thornes wegen Totschlags zu drei Jahren Friedlosigkeit verurteilt, von Island auf nach Grönland. Gute drei Jahre verbrachte **Erik** in Grönland und erforschte während dieser Zeit die Westküste bis hinauf in die Diskobucht. Die Voraussetzungen für die Viehhaltung waren vor allem an den vielen grünen und fruchtbaren Fjordufern, die er entdeckte, wesentlich besser als in Island, wo er viel ödes Land besaß. Nach seiner Rückkehr nach Island lebten alte Streitereien wieder auf, und Erik beschloss, das Land endgültig zu verlassen und sich in Grönland Land zu nehmen. Um Mitstreiter zu werben, so berichten alte Sagen, gab er dem zuvor bereisten Land den Namen Grönland.

Blick auf den Fjord Maligiaq ☞ Etappe 7

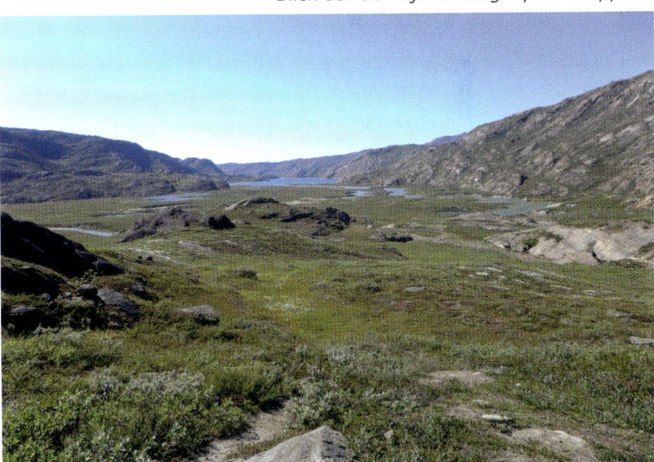

Tatsächlich schlossen sich viele Menschen an, und schließlich verließen 25 mit Menschen, Vieh und Hausgerät beladene Schiffe Island. Auf Grund schwerer Stürme in den eisgefüllten Gewässern um **Kap Farvel** kamen jedoch nur 14 Schiffe in Grönland an. Die anderen sanken oder kehrten um. Die Ankömmlinge ließen sich in den Fjorden Südgrönlands nieder. Das Land wurde unter den Menschen aufgeteilt, wobei sich Erik eins der schönsten Gebiete nahm. Er gab dem Ort den Namen Brattahild (Steilhang). Er wurde Oberhaupt der beiden Siedlungen, die sich in den Gebieten vom heutigen Qaqortoq und Nuuk entwickelten: Eystribygd und Vestribygd, die Ostsiedlung und die Westsiedlung.

Die 985 begonnene Besiedlung Grönlands entwickelte sich gut. Auf den grünen Weiden gediehen die Tiere, und die Menschen entdeckten die Jagd, die einerseits eine Erweiterung des Speiseplans darstellte, andererseits die Grundlage für einen regen Handel mit dem Festland bedeutete. Die Zähne von Narwal und Walross wurden an die europäischen Kirchen verkauft, weitere Handelsgüter waren Felle von **Seehunden**, **Rentieren** und **Eisbären**.

In den 500 Jahren der normannischen Besiedlung Grönlands soll es in Eystribygd ca. 190 Höfe, 12 Kirchen und 2 Klöster gegeben haben. In Vestribygd waren es etwa 90 Höfe und 4 Kirchen. Die Gesamtbevölkerung zählte insgesamt etwa 4.000 Seelen.

Die Christianisierung der Menschen begann im Jahr 1000. Eriks Sohn **Leif Eriksson**, der anschließend als erster Europäer das amerikanische Festland entdeckte, brachte, von einer Fahrt nach Norwegen zurückkehrend, einen Geistlichen mit nach Grönland. Obwohl Erik der Rote sich weigerte, den nordischen Göttern abzuschwören und das Christentum auch nur zu tolerieren, fand man bei Ausgrabungen auf seinem Hof die Reste einer Kapelle, deren Bau wahrscheinlich seine Frau **Thjohild** veranlasst hatte. Wie alle Kirchen des Nordens gehörte auch die grönländische Kirche zunächst zum Bistum Bremen. 1125 wurde allerdings ein eigenes Bistum für Grönland eingerichtet. Bischofssitz war Gardar, das heutige Igaliku. Hier wurde sogar eine sehr stattliche Domkirche errichtet, deren Grundmauern heute noch zu besichtigen sind. Die Kirche war 27 m lang und hatte eine maximale Breite von 16 m. Geweiht war die Kirche dem heiligen Nikolaus, dem Schutzpatron der Seefahrer.

Der wachsende kirchliche Einfluss in Grönland hatte auch Folgen für die weltliche Gemeinschaft der Normannen. 1162 unterwarfen sie sich dem norwegischen König. Fortan wurden Steuern an Norwegen entrichtet, im Gegenzug sorgte der norwegische König dafür, dass die Seeverbindungen zwischen Norwegen und Grönland aufrechterhalten wurden.

Erst im 14. Jahrhundert verschlechterten sich die Verhältnisse des bis dahin blühenden Gemeinwesens.

Es gibt zahlreiche Theorien über das Verschwinden der Normannen aus ihren Gebieten: Das **Klima** auf der Insel veränderte sich. Die Winter wurden länger, die Sommer kürzer und damit das Leben der Bauern härter. Auf dem europäischen Festland wütete die Pest, die einem Drittel der Bevölkerung das Leben kostete. Die Folge war, dass keine regelmäßigen Schiffsverbindungen aufrecht erhalten werden konnten. Selbst die Vermutung, dass Eskimovölker für den Untergang der Normannen verantwortlich sind, steht im Raum.

Die Zeit der Entdeckungsreisen und des Walfangs

Mit dem Beginn der großen Entdeckungsreisen am Ende des 15. Jahrhunderts wurde das Interesse der Europäer an Grönland wieder geweckt. Im Vordergrund der Reisen stand jedoch die Entdeckung der **Nordwestpassage**. Durch den Seeweg nach Indien erhoffte man, sich große Reichtümer sichern zu können. Dabei wetteiferten mehrere Nationen miteinander.

Nachdem die Kirche in Rom, die von den grönländischen Gemeinden Steuern kassierte, 80 Jahre lang nichts mehr aus dem hohen Norden vernommen hatte, stellte man sich auch hier die Frage, was aus den Menschen geworden sei. 1389 übernahm der Papst das Bischofsamt in Gardar. 1492 sandte Papst Alexander einen neuen Bischof nach Grönland, der dort allerdings nie ankam. Das neue Engagement muss dabei aber vor allem in Zusammenhang mit Kolumbus Entdeckungsreisen gesehen werden. Der Vertreter des Kirchenstaates wurde entsandt, um die Ansprüche desselben auf neu entdeckte Gebiete anzumelden.

Insbesondere Basken, Engländer und Niederländer waren im Nordmeer auf der Suche nach einem Seeweg nach Indien. Nach einigen misslungenen Versuchen gelang es 1578 dem Engländer Martin Frobisher, Grönland zu erreichen. Das Interesse am Land blieb allerdings gering. Der Seeweg nach

Indien stand weiterhin im Vordergrund. Da die norwegisch-dänische Doppelmonarchie die Oberhoheit über die Gewässer proklamierte, zahlte England einen Zoll an das norwegisch-dänische Reich, um Problemen aus dem Weg zu gehen. Dies kam einer Anerkennung der Oberhoheit seitens der Engländer gleich. Die Reisen gen Norden waren häufig privat finanzierte Unternehmungen. So erreichte **John Davis** dreimal Grönlands Küsten. Aufgrund des schlechten Kartenmaterials steuerte er beim ersten Versuch von der Westküste nach Baffin Island. Die Gewässer, die er hier durchsegelte, erhielten später seinen Namen: **Davis Straße**.

Es bürgerte sich bei den Entdeckern auch ein, Eskimo zu entführen und sie nach Europa zu bringen. Davis brachte von seinen Reisen aber auch erste Erkenntnisse über die Lebensweise und die Sprache der Eskimo mit.

Mit der wachsenden Reiseaktivität gewann man auch mehr geografische Kenntnisse über Grönland. Der dänische Kartograph **Claus Claussön Svart**, besser bekannt unter dem Namen **Claudius Clavius**, hatte eine Grönlandkarte entworfen, auf der die Ortsnamen aus einer Strophe einer Ballade entnommen waren. 1558 fertigte **Nicolo Zeno** eine Karte an, die die lang gestreckte Form Grönlands schon besser wiedergab, auf der es aber immer noch eine landfeste Verbindung nach Nordosten gab. Diese Karte ließ Davis auch nach Westen weitersegeln. 1590 fertigte **Sigurd Stefánson** eine Karte an, die sowohl die Form als auch die Lage Grönlands sehr genau wiedergab, wenn auch immer noch mit einer Festlandverbindung im Nordwesten. Bekannterweise entdeckte man die Nordwestpassage erst im 19. Jahrhundert.

Neben den Entdeckungsreisen waren die Gewässer vor Grönland vor allem für den **Walfang** wie geschaffen. Um 1614 erlebte der Walfang vor Spitzbergen seinen Höhepunkt. Die Holländer hatten auf der Insel Trankochereien und Mannschaftsunterkünfte für die Jagdsaison gebaut. Zudem gab es Schiffe, die sich zum Trankochen eigneten. Damals spielte Tran die Rolle für die Menschen, die heute das Öl spielt. Als sich die Wale, deren Bestand schon merklich dezimiert war, aus den Gewässern zurückzogen, richtete man den Blick nach Grönland. Es begann die große Walfängerzeit, die die Lampen in Europa nicht erlöschen ließ, die aber auch die Entwicklung der eskimoischen Bevölkerung beeinflusste. Jedes Jahr startete im Frühjahr eine riesige Flotte in die grönländischen Gewässer. Man kartierte die Westküste bis nördlich von Upernavik, die Ostküste bis in Gebiete nördlich von

Danmarks Havn. Teilweise kreuzten mehr als hundert Schiffe mit insgesamt bis zu 10.000 Mann Besatzung vor den Küsten. Bis an die 1.000 Wale wurden in einer Saison von Engländern, Deutschen, Franzosen, Dänen, Norwegern, vor allem aber von Holländern und Friesen getötet. Da man ausschließlich an Barten und Tran interessiert war, entsorgte man alles Übrige an der Küste.

Natürlich kam man auch mit der grönländischen Bevölkerung in Kontakt. Es entwickelte sich ein reger Tauschhandel. Gegen Narwalzähne und Felle, die in Europa sehr gefragt waren, tauschte man nützliches Gerät, Nadeln, Töpfe, Angelhaken, Messer, aber auch Tabak und Genever. Nach abgeschlossenem Handel begannen häufig große Feiern, auf denen die Grönländer europäische Tänze kennenlernten, die in die traditionelle Kultur integriert wurden.

Als aber auch vor Grönland der Walbestand beinahe vernichtet war und der Fang schlechter wurde, verschlechterten sich auch die Beziehungen zwischen Grönländern und Europäern. Es kam zu Überfällen auf die Eskimo, die die holländische Regierung mit einem 1720 erlassenen Dekret zu verhindern versuchte. Auf schwere Fälle stand die Todesstrafe. 1777 ging allerdings die große Walfängerzeit zu Ende. Rund 100 Schiffe gerieten bei **Kap Farvel** in das von der Ostküste angetriebene schwere Eis, und es gelang nur wenigen, den Eismassen zu entkommen. Aus diesem Grund und im Hinblick auf die niedrigen Fangerträge wurde der Walfang schließlich aufgegeben. Die ökonomische Ausbeute konnte die großen Risiken nicht mehr rechtfertigen.

Die Kolonialisierung und Missionierung

Zu Beginn des 18. Jahrhunderts glaubte man, dass immer noch normannische Siedler in Grönland lebten. Der norwegische Pastor **Hans Egede** (1686 bis 1758) überlegte, wie man diese Menschen zum rechten Glauben zurückführen könnte. Er bewirkte unter ausdrücklicher Förderung des Königs die Gründung der „**Bergen-Kompagnie**". Sie sollte die neue Mission durch den Handel mit Grönlandprodukten finanzieren. Im Mai 1721 verließ **Egede** mit seiner Frau, seinen vier Kindern, einem Schiffsarzt, einem Buchhalter sowie einigen Handwerkern Norwegen und erreichte am dritten Juli die Westküste Grönlands. Zunächst ließ er sich in der Nähe der heutigen Hauptstadt Nuuk auf der Insel Håbets Ø, übersetzt Insel der Hoffnung, nieder.

Als **Egede** feststellte, dass auf der Insel keine Normannen mehr lebten, brach er 1723 deshalb zu einer Erkundungsfahrt entlang der Küste auf. Doch auch diese Suche blieb vergeblich. Schließlich begann Egede zunächst, die auf der Insel lebenden Eskimo zu missionieren, später auch diejenigen, denen er auf weiteren Reisen begegnete. In der festen Überzeugung, dass sein Glaube der einzig richtige sei, lehrte **Egede** den christlichen Glauben mit Stock und Bibel. Auf diese Weise verschaffte er sich Respekt bei den Einheimischen, die nach seinem Empfinden seine Worte häufig nur äußerlich angenommen hatten.

Bald stagnierte der Handel mit Grönland, was letztendlich zur Auflösung der „**Bergen-Kompagnie**" im Jahr 1727 führte. Von nun an übernahm der König selbst den Großhandel. Er entsandte einen Gouverneur nach Grönland, wodurch der Koloniestatus des Landes untermauert wurde. Man versuchte auch das Land zu bevölkern, indem man Strafgefangene mit Mädchen einer Besserungsanstalt verheiratete und sie nach Grönland schickte. Es zeigte sich aber alsbald, dass die Vorhaben wenig Erfolg versprachen, und so veranlasste der seit 1730 regierende **König Christian VI.** die Einstellung des Handels und die Beendigung der Grönlandmission. **Egede**, der 1728 die neue Siedlung Godthåb, das heutige Nuuk, gegründet hatte, blieb mit dem Einverständnis des Königs zusammen mit seiner Familie und einigen Anhängern in Grönland. Als Unterstützung schickte ihm der König 1733 drei **Herrnhuter Brüder**.

Die Brüder gründeten aber schon nach kurzer Zeit ihre eigene Niederlassung in der Nähe von Godthåb, der sie den Namen **Neu-Herrnhut** gaben. Viel größer als die Probleme mit den Ordensmenschen waren die Pocken, die mit einem Schiff aus Europa kamen und sich zu einer Epidemie entwickelten, an der in der Gegend Egedes rund 2.000 Menschen starben.

Die **Herrnhuter Brüder** übernahmen die Missionsarbeit vor allem in Südgrönland vom heutigen Nuuk bis zur Südspitze. Sie waren bei den Grönländern durch ihre gefühlvolle Missionspraxis wesentlich beliebter als die dänischen Missionare, die ein dogmatisches Luthertum verkündeten. Im Gegensatz zu den dänischen Missionaren blieben sie ein Leben lang auf Grönland, so dass sie beispielsweise die grönländische Sprache lernten und Choräle in der Landessprache verfassten, die noch heute im offiziellen grönländischen Gesangbuch zu finden sind.

1735 kehrte **Egede** nach dem Tod seiner Frau nach Dänemark zurück. Im Jahr zuvor hatte der dänische Kaufmann **Jacob Severin** den Grönlandhandel übernommen. Auf diese Weise versuchte der norwegisch-dänische Staat, seine Kolonie zu halten. Die Missionsarbeit übernahm nun **Egedes Sohn Poul**, der durch seine guten Sprachkenntnisse großen Erfolg hatte.

Auch wenn der Handel schleppend verlief, so entstanden allmählich neue Siedlungen in Grönland wie 1741 die Siedlung Jakobshavn, das heutige Ilulissat.

1774 wurde der Handel mit Grönland wieder verstaatlicht. Der KHG, der Königlich Grönländische Handel, übernahm die Geschäfte. Er hatte bis in neueste Zeit das Monopol für den Grönlandhandel. Mit der Einführung der Selbstverwaltung 1979 wurde der KHG von den Grönländern mit der Bezeichnung KNI übernommen.

Aber auch diese Maßnahmen brachten nicht den gewünschten Erfolg. Schließlich wurden zwei Männer nach Grönland geschickt, die die Situation genau untersuchen sollten. Als Reaktion auf ihren Bericht wurde das erste Gesetz verfasst, in dem Dänemark sein Verhältnis zur Kolonie vor- und festschrieb.

In Grönland selbst übernahmen zwei **Inspektoren** die Aufgabe, den Handel zu überwachen. Der nördliche Teil der Westküste wurde von Godhavn aus verwaltet, der südliche Teil von Godthåb aus. Außerdem waren die Inspektoren Polizisten und Richter in einer Person. Bei ihnen lag die Hoheitsgewalt. Grönland, bzw. der bekannte Teil der Westküste, war nun dänische Kolonie.

Die Kolonialisierung der Ostküste fand erst 1894 statt. 1884 brach die Frauenbootexpedition, die ihren Namen aufgrund der Tatsache erhielt, dass sie in **Umiaks**, den traditionellen Frauenbooten, durchgeführt wurde, unter der Leitung von **Gustav Holm** in Richtung Ostküste auf. Sie gelangte bis in das Gebiet des heutigen Ammassalik und traf dort auf Eskimo. Das neu entdeckte Land wurde als zu Dänemark gehörig markiert und erhielt den Namen Christian IX. Land. 1894 wurde die Gegend um Ammassalik kolonialisiert. Ziel war es, das Überleben der dort lebenden Menschen zu sichern. Die 350 Menschen, die von der Expedition angetroffen wurden, unterschieden sich in Kultur und Sprache von den Menschen der Westküste. Durch Hungersnöte,

Naturkatastrophen, aber auch durch die noch immer herrschende Blutrache waren sie stark vom Aussterben bedroht. Rund 50 Jahre nach der Entdeckung des Stamms lebten schon wieder etwa 1.740 Menschen in dem Gebiet.

Grönland als dänische Kolonie

Natürlich bedeutete die Kolonialisierung Grönlands einen tiefen Einschnitt in die traditionellen Lebensweisen der Menschen. So stand beispielsweise die allerorts praktizierte Polygamie im klaren Widerspruch zur christlichen Lehre und wurde von den Missionaren verboten. Ebenso wurden die Blutrache, das Aussetzen weiblicher Neugeborener und die Misshandlung und Tötung von alten Frauen als Hexen bekämpft. Die größten Widersacher der Missionare waren die **Schamanen**. Um den christlichen Glauben verbreiten zu können, mussten die spirituellen Führer der Gemeinschaften und deren Macht gebrochen werden. Dieses Ziel konnte teilweise nur unter Gewaltanwendung erreicht werden, ansonsten lockten natürlich die Importwaren der Europäer und machten die **Schamanen** häufig schwach. Die Größe des Landes und die nicht vorhandene Infrastruktur waren ein weiteres Problem. Überall dort, wo nicht ständig Missionare vor Ort waren, lebte der Schamanismus immer wieder auf, und gerade in den abgelegenen Gebieten konnte er sich lange halten.

Neben der Missionierung nahmen die Missionare auch soziale und erzieherische Aufgaben wahr. Vor allem die **Herrnhuter**, die auf Grund ihres eher freundschaftlichen Auftretens ohne Amtstracht und besondere Insignien bei den Grönländern sehr angesehen waren, kümmerten sich um das Krankenwesen, soziale Angelegenheiten und den Erhalt grönländischer Kulturgüter.

Neben **Carl Julius Spindler**, einem gebürtigen Sachsen, der sich mit der grönländischen Sprache beschäftigte, ein deutsch-grönländisches Wörterbuch verfasste und außerdem Kirchenlieder ins Grönländische übersetzte, muss in diesem Zusammenhang **Samuel Petrus Kleinschmidt** genannt werden. Er war gebürtiger Grönländer und erhielt seine Ausbildung in einer sächsischen Erziehungsanstalt für Missionare. Nach seiner Rückkehr nach Grönland beschäftigte er sich intensiv mit der grönländischen Sprache. Einer der Höhepunkte seines Schaffens war das Verfassen einer ersten Grammatik der grönländischen Sprache, erschienen unter dem Titel „Grammatik der grönländischen Sprache mit theilweisem Einschluß des Labradordialekts". Bis heute bildet sie die Grundlage der Entwicklung der grönländischen Schriftsprache. Des Weiteren lag **Kleinschmidt** viel an der politischen Bildung der Grönländer. Allzu oft unterwarfen sie sich der Kolonialherrschaft, ohne selbst Verantwortung zu tragen oder sich an der Verwaltung ihres Gemeinwesens zu beteiligen. Er versuchte, den Grönländern Achtung vor sich selbst beizubringen.

Die Konsequenzen dieser Selbstaufgabe waren als Folge des Tauschhandels sehr bald sichtbar. Traditionell fingen und jagten die Menschen gerade so viel, wie sie zum Leben brauchten. Dieses Gleichgewicht geriet aber sehr schnell aus den Fugen. Um an Kaffee, Tabak, aber auch an Waffen und Munition zu kommen, tauschten die Grönländer mehr ein, als sie entbehren konnten. Die Folge war, dass sie häufig an Hunger litten. Durch Waffen und Munition änderten sich auch die traditionellen Jagdgewohnheiten. Die Grönländer gingen nun ebenfalls mit Feuerwaffen auf die Jagd, und die traditionellen Jagdmethoden gerieten allmählich in Vergessenheit. Damit begaben sie sich in ein weiteres Abhängigkeitsverhältnis. All dies hatte zur Folge, dass ein großer Teil der Bevölkerung im 18. und auch bis weit ins 19. Jahrhundert hinein in Armut lebte. Hinzu kamen Krankheiten und Epidemien wie die Pocken oder Tuberkulose, die vom europäischen Festland eingeschleppt wurden und für den Tod eines beträchtlichen Teils der Bevölkerung sorgten.

Als Reaktion auf diese gravierenden Missstände führte man die sogenannten **Vorsteherschaften** ein. Sie wurden aus dänischen Beamten und Grönländern zusammengesetzt und sollten es den Einheimischen ermöglichen, wieder ein eigenständiges Dasein mit eigener Identität zu führen. Durch sie erlangten die Grönländer erstmals Mitspracherecht, doch waren auch sie nur eine weitere Behörde, die zwischen dem Inspektor, seinen lokalen Vertretern, den lokalen Kolonieverwaltern und den Vertretern der Kirche und Mission angesiedelt war. Die Aufgaben, die von den Vorsteherschaften übernommen wurden, lagen vor allem im Bereich der öffentlichen Ordnung und der Rechtspflege. Außerdem unterrichteten sie die jungen Leute im Kajakfahren und im Jagen. Das Konzept der Vorsteherschaften wurde in den Jahren 1862/63 umgesetzt und auch wenn sie eher symbolischen Charakter hatten, so bildete sich doch so etwas wie eine kleine Gruppe Grönländer, die sich politisch engagierte.

Grönland während des Zweiten Weltkriegs und danach

Nach der Besetzung Dänemarks durch deutsche Truppen am 9. April 1940 war Grönland vom Mutterland abgeschnitten. Daraufhin übernahmen die **Landesvögte**, so wurden seit 1925 die Inspektoren genannt, die Führung des Landes. Das größte Problem stellte die Versorgung des Landes dar. Die vorhandenen Lebensmittel reichten gerade einmal für 1½ Jahre. Um die Versorgung sicherzustellen, nahmen die Landesvögte Kontakt mit dem dänischen Botschafter in den USA, **Henrik Kauffmann**, auf. Er wiederum bat die US-Regierung, für die Versorgung Grönlands zu sorgen und das Land zu schützen. Als Gegenleistung für die Übernahme dieser Aufgaben forderten die Amerikaner allerdings das Recht, Militärbasen auf Grönland zu errichten. Die Amerikaner übernahmen diese Aufgaben, und 1941 wurde ein Vertrag geschlossen, in dem Amerika die Souveränität Dänemarks über Grönland anerkannte. Den Amerikanern wurde im Gegenzug erlaubt, Militärbasen auf Grönland zu errichten. Die wichtigsten Basen waren Sondre Strømfjord und Narsarsuaq, von wo aus Kriegsmaterial nach England geschafft wurde. Diese beiden Flugplätze sind heute die bedeutendsten zivilen Flughäfen Grönlands. Die aus Amerika eingeführten Waren wurden größtenteils durch eine verstärkte Kryolithproduktion bezahlt.

Nachdem Deutschland kapituliert hatte, wurde die unterbrochene Zugehörigkeit Grönlands zu Dänemark wieder hergestellt.

Durch die Stationierung amerikanischer Soldaten veränderte sich die Situation des Landes. Das bisher isolierte Grönland wurde mit einer neuen Welt konfrontiert. Diese Konfrontation weckte bei den Menschen das Bedürfnis nach Veränderungen. Eine Öffnung des Landes wurde angestrebt.

Merkliche Veränderungen gab es, als 1952 ein neuer dänischer Verfassungsentwurf verabschiedet wurde. Durch ihn wurde Grönland zu einer dänischen Provinz, die Grönländer wurden dänische Staatsbürger. Zudem wurden zwei Abgeordnete in den dänischen Reichstag entsandt, in fünf Städten wurden Polizeistationen eingerichtet, die Rentierzucht wurde eingeführt, und die skandinavische Fluggesellschaft SAS nutzte den Flughafen Kangerlussuaq für

Zwischenlandungen auf Flügen nach Amerika. Später wurden regelmäßige Flugverbindungen zwischen Kopenhagen und Kangerlussuaq eingerichtet.

Am 5. Juni 1953 trat das neue dänische Grundgesetz in Kraft, und in Grönland begannen neue wirtschaftliche und soziale Aktivitäten. Mit der beginnenden Industrialisierung traten aber auch neue Probleme auf. Um die Versorgung der Menschen gewährleisten zu können, begann eine groß angelegte **Umsiedlungspolitik**. Die Notwendigkeit dieser Maßnahme begründete man vor allem damit, dass die medizinische Versorgung nur auf diese Art und Weise gewährleistet werden könne. Immer wieder traten im Land Epidemien auf, die auf Grund der Abgeschiedenheit einiger Siedlungen nur schwer bekämpft werden konnten. Auch wenn keine Zwangsumsiedlungen stattfanden, so führte die Schließung von Supermärkten und Schulen in den kleinen Orten doch dazu, dass ein Umzug in eine größere Stadt unvermeidlich war. Hier kamen die Menschen in riesigen Wohnblocks, regelrechten Kasernen, unter. Der Komfort war hier natürlich größer als in den herkömmlichen Wohnbauten, doch ging damit auch ein Stück traditioneller Lebensweise verloren. So war für Hunde und Schlitten kein Platz mehr. Der Bau dieser Blocks wurde bis in die 70er-Jahre fortgesetzt, bis die daraus resultierenden sozialen Probleme, etwa Alkoholismus und Selbstmord, so groß waren, dass eine andere Lösung des Wohnungsproblems gefunden werden musste. An die Stelle der Wohnblocks traten nun Ketten- und Reihenhäuser, die wesentlich mehr Platz für Privatsphäre ließen.

Auch das Tempo, mit dem sich Grönland veränderte, verursachte erhebliche Probleme. Beinahe von einem Tag auf den anderen wurde das traditionelle Leben von einem modernen Industriestaat abgelöst. Es dauerte auch nicht lange, bis der Boom der verschiedenen Industriezweige abebbte und die Arbeitslosigkeit zu einem zunehmenden Problem wurde.

Auch die Dänisierung des Landes brachte Unmut. Die Leiter der Polizeistationen und alle höheren Positionen in Wirtschaft und Verwaltung waren durch Dänen besetzt, und auch der Schulunterricht wurde auf Dänisch abgehalten. Zudem wurden Grönländer, die nicht länger als zehn Jahre in Dänemark gelebt hatten, gemäß dem **Fødestedkriteriet** (Geburtsortkriterium) bei gleicher Arbeit schlechter bezahlt als gebürtige Dänen.

Diese und auch andere Benachteiligungen der Grönländer führten zur Bildung einer Protestbewegung in den 60er-Jahren, die mit der Gründung der ersten grönländischen Partei verbunden war. Die Inuit-Partei kämpfte für die Gleichstellung der Grönländer mit den Dänen und insbesondere gegen das **Fødestedkriteriet**. Später wurden weitere Parteien gebildet. Das gemeinsame Ziel aller politischen Bewegungen war die Selbstständigkeit Grönlands. Schließlich wurde 1975 eine Kommission gebildet, die sich mit der Frage nach der Realisierung der grönländischen Selbstverwaltung beschäftigte. 1978 wurde dem dänischen Parlament ein Vorschlag vorgelegt, der eine große Mehrheit fand. Auch 70 % der Grönländer stimmten bei der Volksabstimmung im Januar 1979 für die Einführung der Selbstverwaltung. Am 4. April 1979 fand die Wahl zum neuen grönländischen Parlament statt, und am 1. Mai desselben Jahres erfolgte mit dem Inkrafttreten des Selbstverwaltungsgesetzes die Einführung der Selbstverwaltung. Grönland war nun neben Dänemark und den Farøer-Inseln Mitglied der dänischen Reichsgemeinschaft.

Das Selbstverwaltungsgesetz besagt, dass Grönland zwar weiterhin zur dänischen Reichsgemeinschaft gehört, aber weitgehende Befugnisse zur Regelung seiner Angelegenheiten hat. Lediglich für die Landesverteidigung, äußere Angelegenheiten und die Justiz ist Dänemark verantwortlich. Als Ausdruck der nationalen Identität gab sich Grönland eine eigene Flagge sowie eine Hymne. Die Selbstverwaltung setzt sich aus dem Parlament, das alle vier Jahre neu gewählt wird, der Regierung und den angeschlossenen Behörden zusammen. Am 1. Februar 1985 trat Grönland aus der EG aus.

Flora und Fauna

Flora

Trotz des arktischen Klimas und der kurzen Sommer besitzt Grönland mit etwa 4.000 verschiedenen Pflanzenarten eine erstaunlich vielfältige Flora. Zu Beginn des Sommers entwickelt sich die Vegetation nahezu explosionsartig. Der **Schnee-Enzian** als eine von fünf vorkommenden Enzianarten blüht dann leuchtend blau. Ca. 500 der vorkommenden Arten sind höhere Pflanzen, sogenannte Samenpflanzen, die restlichen etwa 3.500 sind vor allem Moose, Flechten, Algen und Pilze.

Folglich ist der Bewuchs des Landes sehr niedrig und wird häufig nur durch höhere Sträucher und Krüppelgewächse unterbrochen. Lediglich im wärmeren Süden des Landes findet man einige Baumarten wie Birken, Weiden und Ebereschen, von denen einige Exemplare eine Höhe von bis zu 7 Metern erreichen. In den 60er-Jahren pflanzte man arktische Nadelhölzer in der Kommune Nanotarlik an. Von einer erfolgreichen Aufforstung kann man jedoch nicht sprechen.

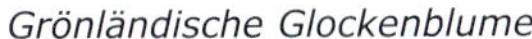

Grönländische Glockenblume

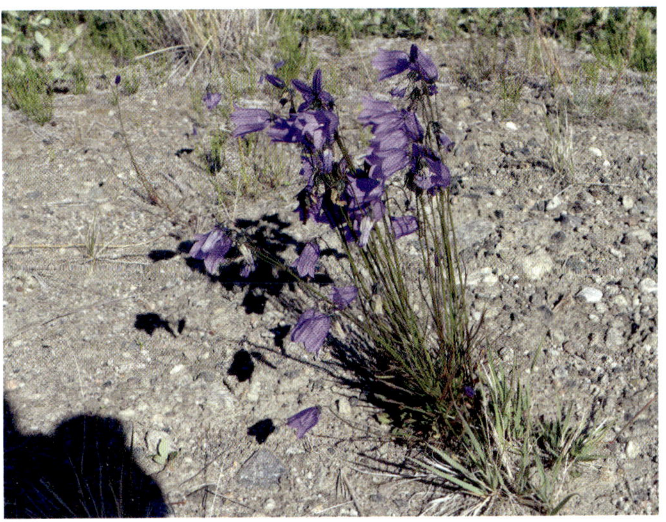

Generell lässt sich sagen, dass die Vegetation nach Süden hin üppiger und vielfältiger wird. Den saftigen Wiesen und grünen Berghängen im Süden verdankt Grönland schließlich auch seinen Namen, „Grünland", wie **Erik der Rote** das Land taufte.

Die Vegetationszonen lassen sich entsprechend der drei Klimazonen unterscheiden. Die nordarktische Zone beginnt an der Westküste nördlich von Upernavik und herrscht auch im nördlichen Teil der Diskoinsel. An der Ostküste beginnt die hocharktische Zone nördlich von Ittoqqortoormiit.

Lediglich im Sommer findet man in diesen Regionen an der Küste einige Blumen. Ansonsten wachsen hier nur Heidesträucher und Moose.

Die niederarktische Zone umfasst den größten Teil des Landes und erstreckt sich an der Westküste vom südlichen Teil der Diskoinsel bis hinab in den Süden, an der Ostküste erstreckt sie sich südlich von Ittoqqortoormiit bis zur Südspitze Grönlands.

Die subarktische Zone umfasst ein kleines Gebiet im äußersten Süden Grönlands. Aufgrund hoher Niederschläge und einer besonders geschützten Lage erkennt man hier die Birken als kleine Bäume. Weidensträucher werden 3 bis 4 Meter hoch.

Bezüglich der Niederschläge unterteilt man die niederarktische Zone in die Zone mit wenigen Niederschlägen, die trockene niederarktische Zone und die niederarktische Zone mit regelmäßigen Niederschlägen. Die Gebiete der trockenen niederarktischen Zone kennzeichnet eine ausgeprägte Steppenvegetation. Zu den niederschlagsarmen Gebieten gehört der Küstenstreifen von Upernavik bis Aasiaat, das Binnenland bis zur Hauptstadt Nuuk und vor allem das Gebiet um Kangerlussuaq.

Die niederarktische Zone mit regelmäßigem Niederschlag ist geprägt von zahlreichen Farnen, Gräsern und Blumen, die nach Niederschlägen das Land in ein prächtiges Farbenmeer verwandeln. Auf den Wiesen findet man **Löwenzahn-** und **Habichtskrautarten**, die gemeine **Schafgarbe**, **Butterblumen** und **Ranunkelarten**. Zu den verbreitetesten Pflanzen gehört der **Knöterich**. Je weiter man nach Süden kommt, desto vielfältiger wird die Vegetation. Hier trifft man immer häufiger auf die Nationalblume der Grönländer, **niviarsiaq**, übersetzt die Jungfrau, und uns besser bekannt als das **arktische Weidenröschen** mit seinen leuchtenden, pinkroten Blüten. Als „etwas Hasenähnliches" bezeichnen die Grönländer das in zwei verschiedenen Varianten vorkommende **Wollgras**. Das **Polar-Wollgras**, das auch im Süden vorkommt, ist vor allem an feuchten Hängen, an Seen und Wasserläufen anzutreffen. Das **schmalblättrige Wollgras** kommt in Mooren mit stillstehendem Wasser und entlang von Seen vor. Es hat ein Verbreitungsgebiet von Süden bis hinauf nach Nuussuaq. **Birken** und **Weiden** erreichen hier jedoch nur Strauchhöhe.

Wanderer können ihren Speiseplan durch ein reichhaltiges Angebot an **Pilzen**, **Beeren** und **Kräutern** ergänzen. Die vorkommenden Pilzsorten ent-

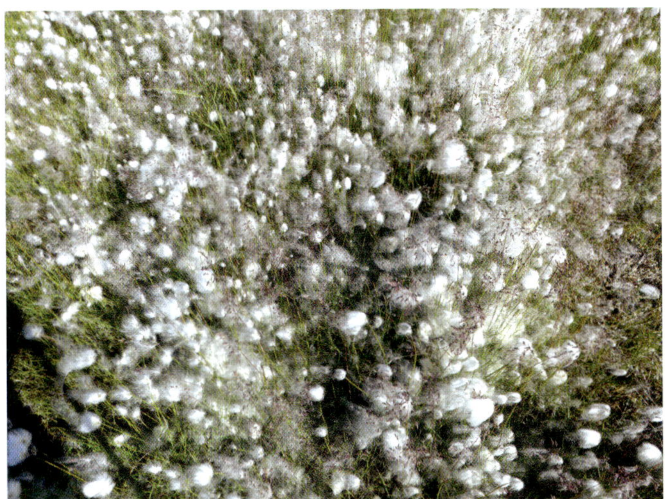

Wollgras

sprechen im Wesentlichen denen der nordeuropäischen Länder. Die häufigsten Arten sind der **Graue Seidenstreifling**, der **Rote Lacktrichterling**, der **Birkenpilz** und der **Schafegerling**.

Beeren werden im Spätsommer häufig auch von grönländischen Familien gesammelt. Am verbreitetesten sind sicherlich die **Krähenbeere** (möglicherweise wegen ihres minimalen Alkaloidgehalts auch **Rauschbeere** genannt). Sie wachsen sowohl in trockenen als auch in feuchten Heidegebieten bis hoch hinauf in den Norden. **Blaubeeren** findet man an mehreren Stellen entlang des Arctic Circle Trails sowie östlich von Kangerlussuaq auf dem Weg zum Inlandeis. Die **Preiselbeere** wächst vor allem in Moor- und Heidegebieten in Mittelgrönland.

Das Angebot essbarer Pflanzen ist sehr groß. **Engelwurz**, **Rosenrot** und das **arktische Weidenröschen** werden auf den lokalen Märkten angeboten. Für den Wanderer interessant ist vor allem der **arktische Thymian**, der sich als Kochgewürz oder Teezusatz eignet, sowie das ähnlich wie Kresse schmeckende **Wiesen-Schaumkraut**.

Genauere Informationen zu essbaren Wildpflanzen findet man in

📖 **Essbare Wildpflanzen**, Basiswissen für draußen, Band 5, Hartmut Engel & Iris Kürschner, Conrad Stein Verlag, ISBN 978-3-86686-375-0, € 8,90 [D]

Fauna

Ist die grönländische Flora trotz des arktischen Klimas und der daraus resultierenden langen und harten Winter erstaunlich artenreich, so ist die Landfauna äußerst artenarm. Sieht man einmal von „importierten" Säugern wie Schafen, Pferden und Schlittenhunden ab, so findet man lediglich acht freilebende Landsäuger in Grönland: **Moschusochsen**, **Rentiere**, **Hermeline**, **Lemminge**, **Polar-** oder **Schneehasen**, **Polarfüchse**, **Polarwölfe** und **Eisbären**.

Der **Eisbär**, der König der Arktis und Grönlands Wappentier, lebt vor allem im Nationalpark im Nordosten Grönlands und auf dem Treibeisgürtel der Ostküste. Er war lange Zeit vom Aussterben bedroht. Mittlerweile darf er aber nur noch von professionellen Jägern in der Zeit vom 1. September bis zum 30. Juni gejagt werden. Diese Maßnahme und die Gründung des Nationalparks haben zur Erhaltung der Spezies beigetragen. Es kann vorkommen, dass **Eisbären** vom Treibeisgürtel an der Ostküste auf einer Scholle nach Südgrönland getrieben werden, manchmal sogar bis in die Fjorde der Westküste. Da die ausgehungerten Tiere eine große Gefahr darstellen, werden sie sofort erlegt. Grundsätzlich sollte man eine Begegnung mit den „weißen Riesen" vermeiden. **Eisbären** ernähren sich fast ausschließlich von Fleisch, vor allem von Robben, denen sie an den Atemlöchern auflauern. Ein ausgewachsener männlicher **Eisbär** kann ein Gewicht von bis zu 600 kg haben.

Als Wappentier gibt es den **Eisbären** in zwei Varianten. Auf dem im Königreich Dänemark verbreiteten Wappen erhebt er drohend den rechten Arm. Im Gegensatz dazu wissen die Grönländer, dass der **Eisbär** immer mit der linken Pranke zuschlägt. Deshalb findet man das Tier z.B. auf Veröffentlichungen der grönländischen Selbstverwaltung immer mit dem linken erhobenen Arm.

Den **Polarwolf** trifft man heutzutage nur noch im nördlichen Teil des Nationalparks zwischen Qaanaaq und Ittoqqortoormiit an. Er steht unter strengem Naturschutz und darf nicht gejagt werden. Seit dem Ende der 70er-

Jahre hat sich der Bestand wieder erholt. Mittlerweile kann eine Ausbreitung vom **Peary Land** in Richtung Süden bis hin zum Germania Land beobachtet werden. Da der Nationalpark für Touristen unzugänglich ist, ist eine Begegnung mit dem Wolf unwahrscheinlich. Dafür begegnet man in den Orten dem **Schlittenhund**, einem engen Verwandten der Polarwölfe.

Auch **Hermeline** und **Lemminge** leben ausschließlich im grönländischen Nationalpark. Somit wird man diesen Tieren in freier Wildbahn ebenfalls nicht begegnen.

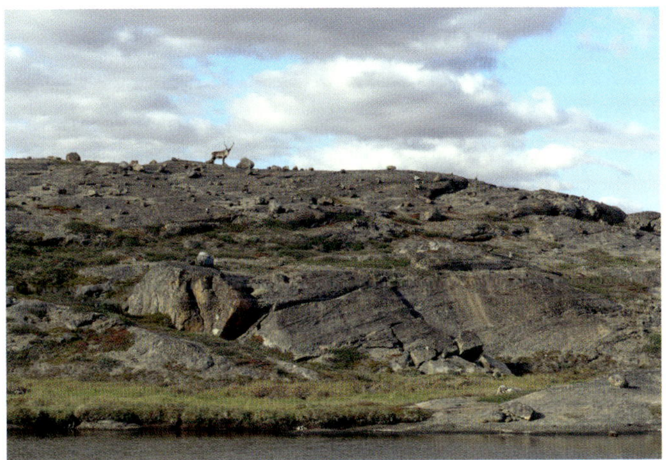

Rentier

Bis auf einen kleinen Bestand auf der Insel Ammassalik an der Ostküste leben **Rentiere** aufgrund von Klimaveränderungen nur noch an der Westküste. Abgesehen von den Regionen Nuuk und Narsaq, wo große **Rentierherden** gehalten werden, begegnet man dem **Rentier** als wild lebendem Säuger, am verbreitetesten in Mittelgrönland. Wenn Sie den Arctic Circle Trail gehen, werden Ihnen mit Sicherheit Rentiere begegnen.

Rentier ist auch fester Bestandteil der grönländischen Speisepläne. Das Fleisch der Tiere, die seit jeher gejagt werden, wird auch auf den heimischen Märkten angeboten.

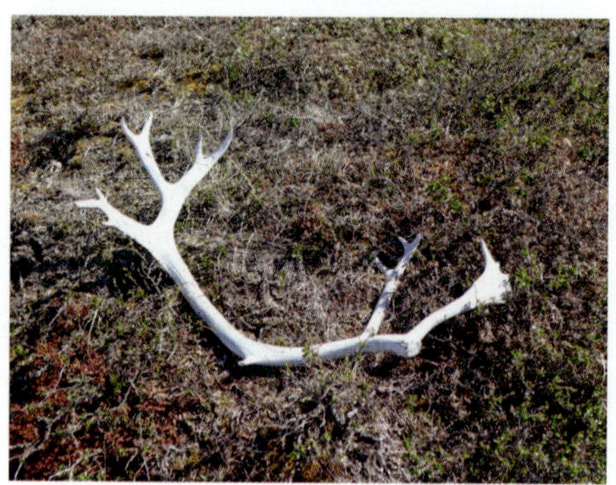

Rentiergeweih

Entlang des **Arctic Circle Trails** findet man auch zahlreiche Geweihe, teilweise richtige Prachtexemplare, die die männlichen Tiere abgeworfen haben. **Rentierjagd** ist auch bei Touristen sehr beliebt.

Neben Rentieren werden Ihnen auf dem **Arctic Circle Trail** mit großer Sicherheit **Moschusochsen** begegnen. Der traditionelle Lebensraum der Tiere ist eigentlich der südliche Nationalpark, wo 40 % der Gesamtpopulation der Erde leben. In den Jahren 1962 und 1965 wurden insgesamt 27 Kälber, jeweils im Alter von einem Jahr, in der Region um Kangerlussuaq ausgesetzt. Mittlerweile wird der Bestand auf etwa 4.000 Tiere geschätzt. Besonders gut kann man sie auch heute noch in der Umgebung von Kangerlussuaq beobachten, aber auch weiter westlich in Richtung Sisimiut begegnet man diesen 200-300 kg schweren Tieren. Es ist erstaunlich, wie gut getarnt Moschusochsen sind. Häufig meint man einen Felsen vor sich zu haben, der plötzlich in Wallung gerät. Den zotteligen Geschöpfen sollten Sie mit gehörigem Respekt begegnen. Besonders wenn kleine Kälber in einer Herde sind, sollten Sie nicht näher als 30-40 m herangehen. Außerdem sollten Sie immer im Hinterkopf behalten, dass die Tiere grundsätzlich bergauf flüchten, so dass Sie ihnen diesen Weg nicht abschneiden sollten. Auch Moschusochsen werden gejagt und gehören genau wie Rentiere auf den Speiseplan der Grönländer. Zudem bieten Touristenbüros in Kangerlussuaq **Moschusochsenjagden** an.

Den **Polarfuchs** trifft man überall dort, wo es etwas zu fressen gibt, bevorzugt in der Nähe von Siedlungen, wo er von Abfällen leben kann und nicht jagen muss. Man unterscheidet zwei Arten. Der **Weißfuchs** hat im Winter ein weißes Fell, im Sommer dagegen ein bräunlich gefärbtes. Der **Blaufuchs**, der überwiegend in Küstennähe lebt, hat im Winter ein grauschwarzes bis dunkelbraunes Fell, im Sommer dagegen ein graubraunes Fell. Er ernährt sich hauptsächlich von Fisch und Muscheln.

Der **Schneehase** ist ein sehr scheues Tier. Er ist in ganz Grönland verbreitet. Allerdings wird man ihn normalerweise selten zu Gesicht bekommen. Entlang des Arctic Circle Trails ist er den Menschen jedoch eher gewohnt und man hat recht gute Möglichkeiten, ihn hier und da beobachten zu können.

Der **Schlittenhund** kam vor über 4.500 Jahren nach Grönland. Seitdem ist er aus dem Leben der Menschen nicht mehr wegzudenken. Auch wenn sich heute der Schneescooter einer großen Beliebtheit erfreut, so sind die Schlittenhunde in schwierigem Gelände immer noch unersetzlich. Rund 30.000 Tiere leben heute nördlich des Polarkreises und an der Ostküste. Sisimiut ist die südlichste Stadt der Westküste, in der noch Schlittenhunde gehalten werden dürfen, da hier noch ausreichend Schnee liegt. Es dürfen keine anderen Hunderassen eingeführt werden, da man die Rasse reinhalten möchte. Ausnahmen werden lediglich bei Blinden- und Polizeihunden gemacht. Fälschlicherweise werden die Schlittenhunde häufig als Huskies bezeichnet, die jedoch nur eine im arktischen Raum vertretene Hunderasse darstellen. In Grönland ist der **Grönlandhund** zu Hause.

Dass die Schlittenhunde Nutztiere sind, erkennt man an der Art und Weise, wie sie gehalten werden. Im Sommer liegen die Rudel an kurzen Ketten neben den Häusern der Besitzer oder auf großen Wiesen am Rande der Städte. Da sich die Tiere im Sommer kaum bewegen, werden sie lediglich zwei- bis dreimal wöchentlich gefüttert. Sie sollen nicht zu fett werden, damit ihre Leistungsfähigkeit erhalten bleibt. Besonders vor der Fütterung liegt ohrenbetäubendes Geheule und Gejaule über den Orten, aber auch sonst kehrt selten Ruhe ein. Dass die Tiere angekettet sind, ist gesetzlich vorgeschrieben. Lediglich Welpen und deren Mütter dürfen sich frei bewegen. Der Grund für das Gesetz liegt in der Tatsache begründet, dass die Tiere keineswegs zahm sind. Sie sollten sich davor hüten, sich ihnen zu nähern und zu versuchen, sie zu streicheln. Sie haben eine gewaltige Beißkraft und hin und wieder geht ein Kampf in einem Rudel tödlich aus.

Außerdem ist es verboten, die Tiere zu füttern. Bitte halten Sie sich daran!

Dass die Tiere in erster Linie Nutztiere sind, sie aber trotz des rau anmutenden Umgangs von ihren Besitzern geliebt werden, erkennt man vor allem daran, dass sie auf einer Hundeschlittentour zuerst mit Futter versorgt werden. Wenn sie aber mit etwa sieben Jahren langsam ihre Kraft verlieren, werden sie in der Regel erschossen, da sie wegen des benötigten Futters einen Kostenfaktor darstellen.

Ein Hundeschlittengespann besteht für gewöhnlich aus 8-12 Hunden. Zusammen können sie etwa 400 kg ziehen. Im Tiefschnee werden sie paarweise eingespannt, damit die hinteren Hunde die Spuren der vorderen nutzen können, bei flachem Schnee und auf Eisflächen werden die Hunde fächerförmig mit Tauen oder Lederriemen vor den Schlitten gespannt.

Im Winter besteht die Möglichkeit, Hundeschlittentouren unterschiedlicher Dauer zu buchen. Von einem zweistündigen Ausflug bis hin zur mehrwöchigen Expedition wird alles angeboten. Es gibt sogar Regionen, etwa die Diskoinsel, wo Hundeschlittentouren auch im Sommer auf Gletschern der Umgebung angeboten werden.

Im Gegensatz zur Landfauna ist die **Meeresfauna** Grönlands sehr artenreich. Allein 17 Walarten leben in den Gewässern vor Grönland. Die Wale spielten lange Zeit eine sehr wichtige Rolle im Leben der Inuit. Ganze Fangflotten machten sich früher von Europa auf den Weg nach Grönland, um den Tieren nachzustellen (☞ Land und Leute: Geschichte). Aufgrund der intensiven Jagd waren einige Walarten vom Aussterben bedroht. Heutzutage gibt es deshalb strenge Fangquoten. Alle größeren Wale dürfen nicht mehr gejagt werden. Hierzu zählen **Blauwal**, **Pottwal**, **Buckelwal** und **Grönlandwal**. Daneben gibt es in Grönland den **Weißwal** (**Beluga**), den **Finnwal**, den **Narwal**, aus dessen Horn heute Schmuck hergestellt wird (☞ Reiseinfos von A bis Z: CITES-Nachweis), den **Schweinswal**, den **Weißschnauzen**- und **Weißseiten-Delphin**, den **Schwertwal**, den **Grindwal**, den **Seiwal**, den **Zwergwal**, den **Großen Tümmler** und den **Nordkaper**.

Eine noch wichtigere Rolle als der Wal spielte und spielt auch heute teilweise noch die **Robbe** im Leben der Grönländer als eine der wichtigsten Nahrungsgrundlagen und als Rohstofflieferant für Kleidung und Werkzeuge.

Von den verschiedenen Robbenarten ist die **Ringelrobbe** die am weitesten verbreitete. Die etwa 1,30 bis 1,90 m großen und 30 bis 100 kg schweren

Tiere werden auch heute noch mit Netzen oder vom Boot aus mit dem Gewehr gejagt. Im Winter lauert man ihnen an ihren Atemlöchern auf. Auf diese Weise werden jährlich 60.000 bis 100.000 Tiere gejagt. Daneben spielen die **Sattel-** oder **Grönlandrobbe** und die **Klappmütze** eine wichtige Rolle. Erstere wird bis zu 2,20 m lang und erreicht ein Gewicht von bis zu 180 kg. Da ihr Fell besonders dick und haltbar ist, wird es häufig zur Herstellung von Jagdkleidung, aber auch zur Herstellung von vornehmerer Kleidung benutzt. Etwa 15.000 bis 20.000 erwachsene Sattelrobben wurden pro Jahr in den 80er-Jahren gejagt.

Genau wie die **Sattelrobben** verbringen die **Klappmützen**, die 1,80 bis 2,50 m lang und 300 bis 400 kg schwer sind, das Frühjahr auf dem Treibeis vor Neufundland oder auf der norwegischen Insel Jan Meyen, wo sie im März Junge bekommen. Von ihnen werden jährlich 5.000 bis 6.000 Tiere gejagt. Der Vollständigkeit halber seien auch noch die **Bartrobbe** und der **Seehund** genannt, die ebenfalls in Teilen Grönlands zu Hause sind.

An der West- und Ostküste, vornehmlich im Bereich des Nationalparks lebt das **Walross**. Aufgrund seiner mächtigen Eckzähne, mit denen es sich auf Eisschollen hievt, wurde es früher intensiv bejagt. Durch die Schaffung des Nationalparks und die Reglementierung der Jagd konnte sich der Bestand allerdings erholen.

Die Fischerei bildet die wirtschaftliche Grundlage Grönlands. Mehr als 200 Fisch- und Muschelarten sowie Krustentiere leben in den Gewässern vor Grönland. Für die professionelle Fischerei sind dabei aber im Wesentlichen **Heilbutt**, **Lachs** und **Dorsch** von Interesse. Neben der **Meerkatze**, dem **Rotfisch** und dem **Steinbeißer** sind sie die verbreitetesten Arten.

Nach einer leichten Erwärmung der Gewässer in den 20er-Jahren des vergangenen Jahrhunderts kam der **Dorsch** vermehrt nach Grönland. Bis in die 80er-Jahre stellte er die Grundlage der Fischereiindustrie dar. Seitdem die Wassertemperaturen aber wieder abnehmen, ist auch der **Dorsch** wieder auf dem Rückzug. Dieser Tatsache konnte man auch durch die Modernisierung der Fischereiflotten nicht begegnen.

Heutzutage stellen **Shrimps** das wichtigste Exportgut Grönlands dar. Sie sind an der Westküste bis hinauf nach Upernavik und an Teilen der Ostküste verbreitet.

In den Seen und Flüssen im Innern Grönlands ist vor allem der **Arktische Saibling** verbreitet. So bieten sich Ihnen auch auf dem **Arctic Circle Trail** zahlreiche Erfolg versprechende Angelmöglichkeiten (☞ Reiseinfos von A bis Z: Angeln).

Von den etwa 235 **Vogelarten**, die man auf Grönland finden kann, sind nur 60 Arten Standvögel. Die übrigen 175 Arten sind Zugvögel, die nur den Sommer über in Grönland sind. Zu den Standvögeln gehören beispielsweise **Rabe**, **Seeadler**, **Schneehuhn** und **Schneeammer**. Von diesen ist der **Seeadler** sicherlich der bekannteste und mit einer Spannweite von 2,50 m auch der größte. Er steht unter strengem Artenschutz. Der **Jagdfalke** ist nur südlich des Polarkreises Standvogel. Nistet er nördlich des Polarkreises, zieht es ihn im September oder Oktober nach Südgrönland. Dagegen ist der **Wanderfalke** ein reiner Zugvogel. Er ist in der Zeit von April bis Ende Oktober in Grönland, um den Winter dann in Mittel- und Südamerika zu verbringen. Auch die verschiedenen Gänsearten, die man auf Grönland beobachten kann, leben nicht das ganze Jahr über hier. Einer der auffälligsten Zugvögel ist sicherlich der **Steinschmätzer**. Ihm werden Sie mit großer Wahrscheinlichkeit auch auf dem **Arctic Circle Trail** begegnen. Man erkennt ihn an dem schwarzen T auf seinem weißen Schwanz. Die an der Ostküste Grönlands lebenden **Steinschmätzer** verbringen den Winter im vorderen Asien, die an der Westküste ziehen nach Nordamerika.

Schließlich sollen noch die etwa 700 **Insektenarten** erwähnt werden, denen man in Grönland begegnet. Allerdings bleibt von diesen 700 Arten häufig nur eine einzige in bleibender Erinnerung: die **Stechmücke**. In riesigen Schwärmen stürzen sich die kleinen Plagegeister auf jedes lebendige Wesen. Einzig und allein Sturm, Regen und Frost bieten Schutz vor diesen kleinen Vampiren und eventuell noch das giftige Mückenmittel, das in den Städten verkauft wird. Vor allem in den feuchten Gebieten, auch auf dem **Arctic Circle Trail**, ist man ihnen oft hilflos ausgeliefert - es sei denn, man wartet die ersten Frostnächte ab. Daneben gibt es aber auch etwa 50 **Schmetterlingsarten**, die aufgrund ihrer Farben erfreuen und eine kleine Entschädigung für die kleinen Plagegeister darstellen.

Reise-Infos von A bis Z

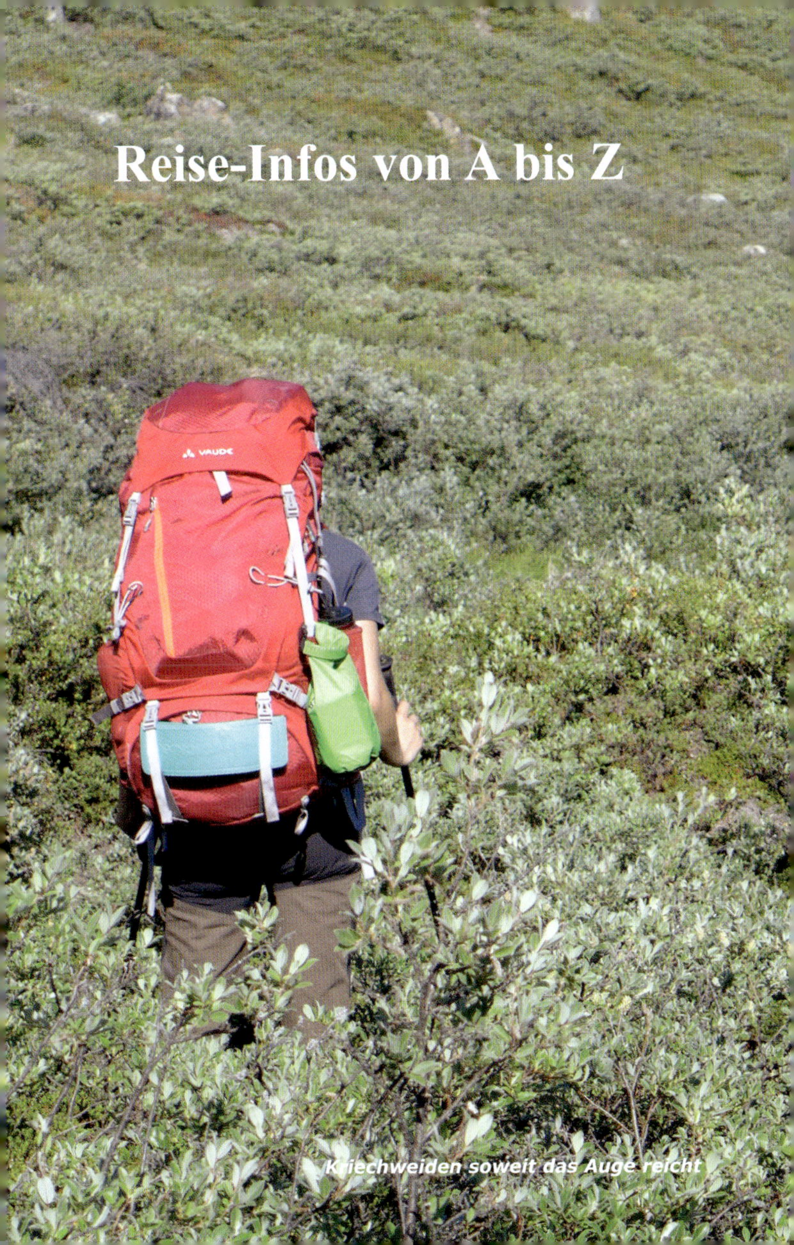

Kriechweiden soweit das Auge reicht

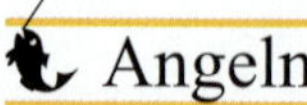

Angeln

Grönland besitzt außergewöhnlich fischreiche Gewässer. Davon können auch Sie als Wanderer auf dem **Arctic Circle Trail** profitieren. Unterwegs werden Sie immer wieder Flüsse, Seen und auch einige Fjorde passieren. In den Fjorden wimmelt es nur so von **Dorschen** und **Seeskorpionen** (*Ulk*). Der **Dorsch** hält sich hauptsächlich im Freiwasser auf, wohingegen der **Seeskorpion** am Grund lebt. Beide Fischarten schnappen gierig nach allem, was sich bewegt.

In den Flüssen und auch in einigen Seen werden Sie ausschließlich den **Arktischen Saibling** (*salvelinus alpinus*) fangen, der gut an die niedrigen Gewässertemperaturen angepasst ist. Dieser äußerst schmackhafte Fisch gehört zur Gattung der Salmoniden (zu der auch der Lachs und die Forelle gehören) und ist sehr gut an den bunten Punkten an den Flanken und an den weißen Rändern der Brustflossen zu erkennen.

Der **Arktische Saibling** steigt im Sommer (wie auch der Lachs) zum Laichen aus den Fjorden in die Flüsse auf. Er bevorzugt schnell fließendes, sauerstoffreiches Gewässer und ist nur gelegentlich in Seen vertreten (besonders in Ole's Lakseelv ☞ 7. Etappe). Hervorragende Angelmöglichkeiten bieten sich Ihnen auch immer dort, wo Flüsse in einen See münden oder der See zu einem Fluss wird.

Als **Angelköder** für den **Arktischen Saibling** können Sie schlanke, silberne Spinner oder Blinker verwenden. Diese sollten Sie am besten schon zu Hause kaufen, da das Angelgerät vor Ort relativ teuer ist. Wegen des Transportes bietet sich eine Teleskopangel an, die Sie gut am Rucksack verstauen können. Für den Flugtransport sollten Sie die Angel in das Handgepäck nehmen oder in ein stabiles Plastikrohr packen.

Unabhängig davon in welchem Gewässer Sie in Grönland fischen, benötigen Sie eine **Angellizenz**, die vor Ort von jedem gekauft werden kann. Erhältlich sind die Angellizenzen bei der Post (Kangerlussuaq), dem Touristenbüro oder der Polizei. Die Preise belaufen sich auf DKK 75 für eine Tageskarte, DKK 200 für eine Wochenkarte und DKK 500 für eine Monatskarte. Auf den **Angellizenzen** finden Sie die Fische verzeichnet, die Sie in Grönland fangen können. Das durch die Angelkarten eingenommene Geld wird für den Erhalt und die Pflege der empfindlichen Natur eingesetzt.

Da die Natur in den arktischen Breiten sehr verletzlich ist und die Fische bei den niedrigen Temperaturen nur sehr langsam wachsen, sollten Sie beim Angeln darauf Rücksicht nehmen und nur so viel fangen, wie Sie wirklich essen können. Sogenanntes Trophäenfischen und maßloses Angeln können der arktischen Natur schwere Verletzungen zufügen.

Angeln, Basiswissen für draußen, OutdoorHandbuch Band 21, Conrad Stein Verlag, ISBN 978-3-86686-021-6, € 9,90 [D]

An- und Rückreise

Grönland ist für Touristen von Europa aus nur mit dem Flugzeug zu erreichen. Bis auf (kostspielige) Kreuzfahrten besteht keine Möglichkeit, mit einem Schiff nach Grönland zu kommen.

Eine direkte **Flugverbindung** von Deutschland nach Kangerlussuaq besteht nicht. Es ist immer eine Zwischenlandung mit einer Übernachtung in Kopenhagen (Dänemark) oder Reykjavik (Island) erforderlich.

Die einzige Airline, die von Kopenhagen bzw. Reykjavik aus direkt Grönland ansteuert, ist die Air Greenland. Von Kopenhagen aus geht außer am Sonntag jeden Tag ein Flieger nach Kangerlussuaq. Die Preise für den Direktflug liegen etwa bei € 400 zuzüglich der Flughafensteuern.

Air Greenland, P.O. Box 1012, GL-3900 Nuuk, ☎ 299 34 34 34, info@airgreenland.gl

♦ **Air Greenland**, Copenhagen Airport, Terminal 2, DK-2770 Kastrup, ☎ (00 45)32 46 22 40.

Der Inlandsflug Sisimiut-Kangerlussuaq verkehrt außer am Sonntag täglich und kostet je nach Tarif und Datum für einen Weg zwischen € 85 und € 300.

Arctic Circle Race

Jedes Jahr findet abhängig von den Schneebedingungen Ende März/Anfang April das nach Aussagen der Veranstalter härteste Cross Country Skilanglaufrennen der Welt statt. Das 160 km lange Rennen geht über drei Tage und lockt jedes Jahr neben professionellen Skiläufern auch Hobbyläufer aus zahlreichen Ländern an. Der Weg verläuft von Kangerlussuaq bis zur grönländischen Westküste über zahlreiche Seen und führt Sie durch eine raue und unvorhersehbare Landschaft. Geschlafen wird während des Rennens in Zweipersonen-Zelten, die sich zusammen zu einem großen Zeltlager formieren.

Arctic Circle Race, P. O. Box 258, Dk-3911 Sisimiut, ☎ 299 86 68 30, www.acr.gl, acr@greennet.gl

Es besteht auch die Möglichkeit, diesen Weg privat und nicht im Rahmen des Rennens zu gehen. Für den markierten Weg sollten Sie etwa 3-7 Tage einplanen. Obwohl Sie während der Tour in den Hütten schlafen können, sollten Sie zu Ihrer eigenen Sicherheit zusätzlich ein Zelt mitbringen.

Ausrüstung

Neben einer guten Vorbereitung auf die körperlichen Strapazen während dieser Wanderung gehört eine solide Ausrüstung zu den Grundvoraussetzungen einer gelingenden und gefahrlosen Wanderung durch die fantastische, oft aber auch sehr raue Landschaft Grönlands. Sie sollten sich bewusst sein, dass Sie sich in kompletter Zivilisationsferne bewegen und sich somit auf alles, was sie während der Reise benötigen, 100 %ig verlassen können müssen.

Nur wenn das Material und Ihr körperlicher Zustand tadellos sind, kann diese Trekkingtour empfohlen werden. An der Ausrüstung zu sparen, kann die Tour schnell zu einer Tort(o)ur werden lassen. Bedenken Sie vor der Reise, dass Sie sich nördlich des Polarkreises bewegen und dafür das Beste gerade gut genug ist!

Rucksack

Ein unerlässliches Ausrüstungsstück jeder längeren Wanderung ist der Rucksack. Dieser sollte aus hochwertigen Materialien (Nylon, Vynilon, Cordura o.Ä.) bestehen, ein möglichst geringes Eigengewicht haben und natürlich einen guten Tragekomfort bieten. Dazu muss die hauptsächliche Tragelast mittels verschiedener Tragesysteme auf die Hüften übertragen werden.

Da jeder Rücken unterschiedlich geformt ist, sollten Sie von Fernkäufen absehen. Für die Informationsbeschaffung und den Preisvergleich können Sie verschiedene Internetanbieter nutzen, kaufen Sie jedoch keinen Rucksack, ohne diesen mit mindestens 20 kg beladen an- und ausprobiert zu haben. In guten Fachgeschäften werden Sie eine kompetente Beratung erhalten, gute Rucksäcke vorfinden und zudem noch die Gelegenheit haben, die Rucksäcke mit Gewicht Probe zu tragen.

Blick auf den Qarlissuit

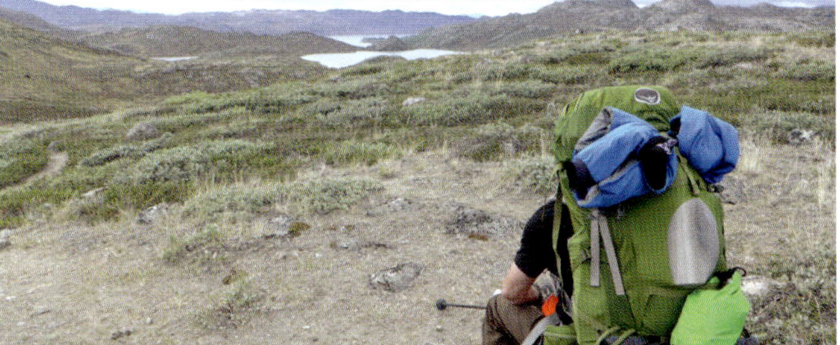

Für eine 10- bis 12-tägige Wanderung werden Sie einen 65-80 Liter umfassenden Rucksack benötigen. Der Rucksack muss entweder in der für Sie passenden Rückenlänge verfügbar oder durch Verstellmöglichkeiten an Ihre Rückenlänge anpassbar sein. Ebenso wichtig ist die Last, die die Rucksackkonstruktion verträgt und zuverlässig auf die Hüfte übertragen kann. 20 bis 25 kg sind zu erwarten! Bewährte Modelle mit ausreichender Tragfähigkeit finden Sie z.B. bei Bach, Deuter, Fjällräven, Gregory, Osprey, Vaude.

Da die Rucksäcke nicht wasserdicht sind, sollten Sie entweder eine Regenhülle verwenden oder den Rucksackinhalt mittels wasserdichten Staubeuteln (Ortlieb, Sea to Summit) wasserdicht verpacken.

Nichts ist unangenehmer, als nach einem Regentag keine trockene Wechselbekleidung zu haben und in einen nassen und kalten Schlafsack kriechen zu müssen!

Beim Beladen des Rucksacks sollte der Schlafsack im Bodenfach (wasserdicht!) verstaut werden und die schweren Teile im oberen Bereich des Rucksacks möglichst nah am Rücken (damit sie nicht nach hinten ziehen) platziert werden. Gegenstände, die Sie häufig nutzen (Regenbekleidung), sollten Sie gut zugänglich verpacken.

Schlafsack

Ob Sie sich nun für einen Kunstfaser- oder Daunenschlafsack entscheiden, ist nicht zuletzt eine Frage des Geldbeutels. Der in der Regel deutlich leichtere und bei guter Pflege und guter Qualität auch langlebigere Daunenschlafsack ist besser komprimierbar und bauschiger vom Liegegefühl, bei entsprechender Qualität gegenüber einem Kunstfaserschlafsack aber auch deutlich teurer. Die mittlerweile stark wasserabweisenden Außenstoffe der Daunenschlafsäcke machen diese nicht mehr ganz so feuchtigkeitsempfindlich wie früher.

Dennoch hat der Kunstfaserschlafsack den Ruf der vermeintlichen Unempfindlichkeit gegenüber Feuchtigkeit. Allerdings ist die Isolationswirkung eines nassen Kunstfaserschlafsacks gegenüber dem nassen Daunenmodell nicht gravierend besser!

Egal ob Sie sich nach Abwägung der Vor- und Nachteile für einen Daunen- oder Kunstfaserschlafsack entschließen, sollten Sie in diesem nach Möglichkeit Probe liegen, um zu testen, ob der Schlafsack nicht zu eng oder zu weit für Sie ist.

Für unruhige Schläfer sind auf dem Markt mittlerweile bewegungsfreundlich geschnittene Schlafsäcke erhältlich.

Für den Sommereinsatz (Juli-August) in Grönland sollten Sie einen Schlafsack wählen, der einen Komfortbereich (die niedrigste Temperatur, bis zu der Sie sich wohlfühlen sollen) von mindestens -7°C aufweist.

Wenn Sie im Früh- oder Spätsommer unterwegs sein wollen, empfiehlt es sich, den Temperaturbereich noch einmal um mindestens 5°C nach unten (d.h. bis -12°C) zu erweitern.

☺ Um ein möglichst gutes Schlafklima im Schlafsack beizubehalten, sollten Sie am Morgen den Schlafsack ganz öffnen und umstülpen, damit dieser gut durchtrocknen kann. Bei schönem Wetter können Sie den Schlafsack am besten draußen lüften lassen.

Ganz gleich ob Sie einen Kunstfaser- oder Daunenschlafsack mit auf die Tour nehmen, sollten Sie dafür sorgen, dass dieser nicht nass werden kann. Neben wasserdichten, kompressionsfähigen Beuteln (z.B. Ventil-Beutel von Ortlieb) können Sie den Schlafsack auch in einen einfachen Müllbeutel einwickeln.

Damit ein Schlafsack auch wirklich noch bei den angegebenen Minustemperaturen warm hält, ist neben langer Unterwäsche und Socken eine gut isolierende Unterlage unerlässlich. Eine gute Kombination aus niedrigem Gewicht und guter Isolation bieten die sogenannten „selbstaufblasbaren" Isomatten. Leichter, mit kleinerem Packmaß und noch besserer Isolation haben sich die Exped Synmats bewährt. Das sind extrem leichte Mehrkammer-Luftmatratzen mit einer Synthetik-Füllung in den Kammern.

Zelt

Da der **Arctic Circle Trail** nicht über ausreichend Hütten für eine reine Hüttentour verfügt, kommen Sie nicht umhin, ein Zelt als Unterkunft mitzunehmen. Da die grönländischen Wetterbedingungen extrem sein können - Sie befinden sich schließlich nördlich des Polarkreises -, müssen Sie sich auf das Zelt zu 100 % verlassen können. Einfache, preisgünstige Zelte der Kategorie „Camping" genügen den extremen Anforderungen durch Sturm und Regen nicht. Stattdessen brauchen Sie ein absolut sturmsicheres und wasserdichtes Leichtgewichtszelt, das in der Regel dann auch gleich einen höheren Preis mit sich bringt.

Bei entsprechender Pflege und trockener Lagerung können Sie an so einem Zelt aber auch viele Jahre Freude haben. Ob Sie sich für ein Geodät, Kuppelzelt oder ein Tunnelzelt entscheiden, ist dabei nachrangig, zu bedenken ist aber, dass ein Tunnelzelt einen größeren Platzbedarf hat und bei weitem nicht so gut belüftet werden kann, wie ein Kuppelzelt oder Geodät.

Eine erstklassige Beschichtung (Silikon und Polyurethan), gute Materialien (Nylon oder Taffeta Polyester) sowie eine hochwertige Verarbeitung sind Voraussetzung und werden von den Markenzelten erfüllt.

Zudem sollten Sie auf eine ausreichend große Apsis, möglichst an beiden Seiten, in der Sie nicht nur ihr Gepäck verstauen können, sondern auch bei schlechtem Wetter kochen können (aus Sicherheitsgründen raten wir davon ab), achten. Auch sollten Sie auf eine ausreichende Belüftung des Zeltes achten. Bei einem Neukauf sollten Sie das Zelt vor der Reise schon zur Probe aufgebaut haben, damit Sie im Ernstfall ihre Behausung schnell und sturmsicher aufstellen können. Für die weichen, sandigen oder wurzeldurchzogenen Böden nehmen Sie zusätzlich 6 oder 8 ca. 25 cm lange Heringe mit. Als Vergleichsmodell für die wichtigsten Ausstattungen empfehlen wir das nicht ganz billige Hilleberg Allak.

Schuhwerk

Für die anspruchsvolle Wanderung auf dem Arctic Circle Trail kommen als Schuhwerk nur feste Wanderstiefel in Frage. Diese sollten über einen stabilen Schaft, eine gute Dämpfung und eine griffige und abriebfeste Sohle (z.B. Vibram) verfügen und natürlich nur aus dem besten Leder gefertigt sein. Ein hoher Geröllschutzrand aus Gummi schützt den Schuh nicht nur vor Abschürfungen von Steinen, sondern auch vor Bodenfeuchtigkeit. Der Stiefel sollte auf jeden Fall den Knöchel fest umschließen, um die Verletzungsgefahr zu minimieren. Probieren Sie die Schuhe im Fachgeschäft in aller Ruhe aus, und achten Sie darauf, dass Sie beim Abrollen des Fußes vorne im Schuh nicht anstoßen, und dass die Ferse hinten im Schuh nicht hochrutscht. Wir empfehlen, Schuhe am Abend anzuprobieren, da die Füße gegen Ende des Tages angeschwollener sind und so das Risiko später mit Druckstellen kämpfen zu müssen, erheblich reduziert werden kann.

Beispiele sind Hanwag Tatra, Meindl Island und vergleichbare.

Ob Sie sich für einen **Gore-Tex-Schuh**, einen Gore-Tex-Volllederschuh oder einen reinen Volllederschuh entscheiden, bleibt Ihnen überlassen. Die absolut wasserdichten Gore-Tex-Stiefel spielen Ihre Vorteile in dem häufig sehr feuchten Gelände und bei viel Regen aus, der Volllederschuh glänzt durch ein gutes Fußklima und hohen Tragekomfort ist aber möglichst auch mit Gore-Membran zu empfehlen. Bei entsprechender Vorbehandlung kann der **Volllederschuh** auch einige Zeit feuchtem Gelände standhalten, erfordert aber ein regelmäßiges Nachwachsen auf der Tour. Beide Schuhtypen sollten vor der Reise behandelt und länger unter Last eingetragen werden. Der Gore-Tex-Stiefel wird ein wenig imprägniert, damit sich der Oberstoff nicht vollsaugt und so die Atmungsaktivität verhindert. Der Vollederstiefel wird sorgfältig mit Wachs behandelt, um die Wasserfestigkeit zu gewähren. Sollten die

Schuhe nass geworden sein, dürfen sie niemals über der Flamme, am Ofen oder auf der Heizung getrocknet werden! Das Leder wird hart, kann brechen und der Schuh eine Nummer kleiner werden!

☺ Neue Schuhe sollten Sie auf jeden Fall bereits zu Hause eingelaufen haben, damit Sie potenzielle Druckstellen vor der Tour tapen können (damit das Entfernen des Tapes nach der Tour nicht zur Qual wird, rasieren Sie am besten die abzuklebenden Stellen).

☺ Als gutes Blasenpflaster hat sich Compeed bewährt. Dieses wird auf die (unbedingt trockene und saubere) wunde Stelle geklebt und legt sich wie eine zweite Haut über die Blase. Diese kann so in aller Ruhe verheilen.

Damit Sie an ihrem Schuhwerk große Freude haben, sollten Sie auch in ein gutes Paar **Wandersocken** investieren. Gute Wandersocken bestehen aus einem Mischgewebe aus Wolle (sorgt für den Tragekomfort) und Kunstfaser (sorgt für die Langlebigkeit). Gute Socken sind zudem noch ergonomisch geformt. Hervorragend bewährt haben sich Socken, die aus einem dünnen Polypropylen-Innensocken und einem Merino-Außensocken zusammengenäht sind (WrightSocks). Die Reibung findet hierbei nicht zwischen Haut und Socke sondern zwischen den beiden Socken statt!

Für die Flussdurchquerungen empfehlen sich ultraleichte Wassersportschuhe oder Sandalen (z.B. Keen, Teva), die sehr schnell trocknen und auch im zivilen Leben während einer Reise getragen werden können.

☺ Um einen optimalen Schutz für die Füße zu gewährleisten, empfiehlt sich der Einsatz von **Gamaschen**. Diese verhindern das Eindringen von Regen, Schnee oder Kieselsteinen über den Stiefelschaft. Zudem schützen sie den Stiefel in Geröllfeldern vor Abschürfungen. Siehe auch ☞ Sonstiges

Bekleidung

Um sich mit der Bekleidung den Wetterbedingungen optimal anpassen zu können, ist es sinnvoll, sich an dem sogenannten **Zwiebelprinzip** zu orientieren. Dieses besteht in der Regel aus drei Schichten.

Die **innere Schicht** stellt die direkt auf dem Körper getragene **Unterwäsche** dar. Diese hat die Aufgabe, den Körper trocken und warm zu halten, und sollte darum aus feuchtigkeitsleitenden Fasern, die schnell trocknen, bestehen. Diese Merkmale weist Unterwäsche aus Wolle oder Kunstfasern auf. Baumwolle erweist sich als vollkommen unbrauchbar, da sie bis zum Vierfachen des Eigengewichts an Wasser aufsaugt und nur sehr langsam trocknet. Besonders bewährt hat sich Wäsche aus Merinowolle, da sie dank ihrer natürlichen Funktionseigenschaften wärmeisolierend, natürlich antibakteriell und geruchshemmend ist. Die Wolle sorgt für ein angenehmes Körperklima, trocknet sehr schnell und ist atmungsaktiv. Die Merinowäsche ist in unterschiedlichen Dicken (g/qm) erhältlich. In den Sommermonaten reicht eine Stoffqualität von 150 g/qm aus.

Gute Unterwäsche ist die Grundvoraussetzung für ein funktionierendes Bekleidungsprinzip, da sogenannte atmungsaktive Jacken (z.B. Gore-Tex) nur funktionieren, wenn auch die Unterwäsche schon die Feuchtigkeit vom Körper wegleitet.

Die **mittlere Bekleidungsschicht** dient der Isolation. Dazu können Sie sowohl Wollpullis (die in der Regel aber schwerer sind) als auch Fleecepullis tragen. Sehr gut geeignet sind auch mit Microfasern gefütterte Jacken, die bei gleicher Isolation ein deutlich geringeres Gewicht und Packvolumen aufweisen als Fleecepullis. Wenn man noch die Wahl hat, ist eine Jacke mit Kapuze (Hoody) vorzuziehen.

Als Hose empfiehlt sich eine **Trekkinghose** aus Mischgewebe (z. B. 65 % Polyester, 35 % Baumwolle), das schnell trocknet und abriebfest ist. Mückendichtes Gewebe und ein verschließbarer Beinabschluss machen Ihnen den Kampf gegen die Mücken leichter.

Eine ungefütterte Hose mit einer langen Unterhose kombiniert ist einer gefütterten vorzuziehen, da diese während der Bewegung häufig zu warm ist. Strategisch gut platzierte Stretcheinsätze erhöhen den Tragekomfort und Aktionsradius erheblich. Zusätzliche Belüftungen durch Reißverschlüsse an den Oberschenkeln und Waden sind sehr angenehm. Achten Sie darauf, dass die Traumhose auch ohne Gürtel sitzt und evt. vorhandene Schlaufen nicht durch den Hüftgurt auf die Beckenknochen gedrückt werden. Bewährte Trekkinghosen finden Sie bei Fjällräven, Lundhags und Mammut.

Die **äußere Schicht** stellt den Wetterschutz gegen Regen und Wind dar. Die atmungsaktiven Jacken sind hier zu empfehlen, wenngleich zu betonen ist, dass diese Jacken niemals die Menge an Schweiß nach außen transportieren können, die Sie während der Anstrengung produzieren. Dennoch stellen sie den momentan bestmöglichen Wetterschutz dar.

Beim Kauf sollten Sie auf eine gute Verarbeitung, insbesondere der Nähte und der Reißverschlüsse, achten.

Mögliche Belüftungen (z.B. über Taschen oder Unterarm-RV) können das Klima in der Jacke deutlich verbessern. Verstärkungen an den Schultern erhöhen die Lebensdauer Ihrer Jacke, die durch das Tragen eines schweren Rucksacks strapaziert wird.

Unverzichtbar sind in Grönland eine wärmende **Mütze**, ein **Stirnband** während des Wanderns (hier ist eine Mütze häufig zu warm) und ein Paar warme **Handschuhe**.

Kocher

Als Kocher können für Grönland in erster Linie **Vielstoff-**, **Benzin-** und **Spirituskocher** empfohlen werden.

In Kangerlussuaq und in Sisimiut können Sie übliche Schraubventil-Kartuschen, Campinggaz **Stech-** und **Ventilkartuschen** kaufen. Evtl. muss man alle kleinen Läden und den Supermarkt absuchen. Die Verfügbarkeit, insbesondere von mehreren, gleichartigen Kartuschen, ist nicht gewährleistet.

Da Gas im Flugzeug nicht transportiert werden darf, sind Gaskocher nur eingeschränkt für diesen Teil Grönlands zu empfehlen. Gebrauchte Benzinflaschen wäscht man mit Spülmittel aus und lässt sie auslüften, sodass sie „geruchsneutral“ sind.

Spiritus ist unter der Bezeichnung (husholdsspirit) ebenso problemlos zu beschaffen wie gereinigtes **Benzin** (rense bensin). Zu beachten ist, dass Spiritus nur ca. 50 % der Heizleistung von Benzin hat, somit muss die doppelte Menge (in kg) mitgetragen werden. Benzin erhält man in Kangerlussuaq auch an der vor der Polizei gelegenen Tankstelle.

Hat man einen Vielstoffkocher dabei, wie z.B. den Primus Omnifuel, kann man sowohl Gaskartuschen als auch Benzin oder Petroleum problemlos verbrennen.

Ein großer Nachteil der **Gaskartuschen** sind die relativ schweren, leeren Kartuschen, die man bis zum Ziel mittragen - und nicht wie häufig gesehen - in Felsspalten werfen oder in den Hütten stehen lassen sollte (☞ Kangerlussuaq: Einkaufen).

Equipment zum Kochen

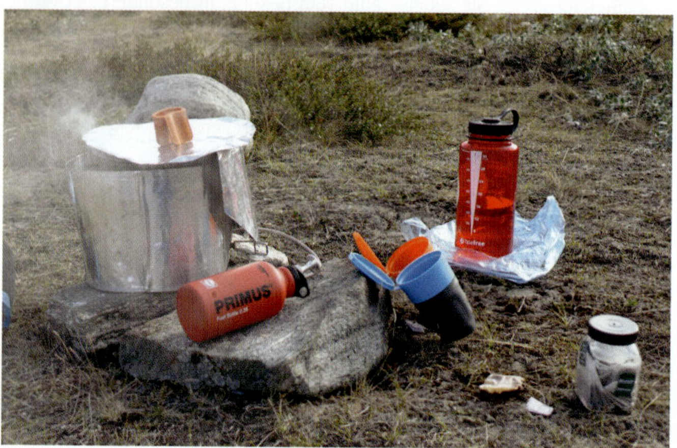

Sonstiges

Unverzichtbare und lebensnotwendige Ausrüstungsgegenstände sind eine ☞ **Wanderkarte** und ein Kompass. Wegen der Nadelabweichung bzw. Missweisung von ca. 40° (☞ Magnetische Deklination) sollte der **Kompass** die Möglichkeit einer Deklinationskorrektur besitzen.

Als sehr hilfreich erweisen sich **Wanderstöcke**. Diese entlasten beim Bergauf- und Bergabgehen die Knie- und Hüftgelenke deutlich. Zudem können Sie mit Hilfe der Teleskopstöcke im sumpfigen Gelände den Untergrund testen. Auch und gerade als Stabilisator beim Durchwaten von Flüssen sind die Stöcke fast unverzichtbar.

Wer bei längeren Wanderungen bereits mit Fuß- und Knieproblemen konfrontiert wurde, dem wird dringend geraten, bereits einige Monate vorher einen Orthopäden aufzusuchen und sich ggfs. Einlagen anpassen zu lassen. Füße, Knie und Hüfte bedanken sich im Voraus.

Die nachfolgende Ausrüstungsliste soll Ihnen als Orientierung dienen. Reiseminimalisten werden vielleicht auf das ein oder andere Ausrüstungsteil verzichten wollen, komfortorientierte Reisende werden die Liste für sich eventuell ergänzen wollen. Zunächst finden Sie auf der Liste die obligatorische Ausrüstung, mögliche Ergänzungen sind nachgestellt.

Ausrüstungsliste

Rucksack

- ☐ Rucksack 65-80 Liter
- ☐ Regenhülle

Zelt

- ☐ sturmsicheres Leichtgewichts-Trekkingzelt
- ☐ Zeltunterlage
- ☐ Ersatzschnüre und Heringe für lockeren Boden
- ☐ Reparaturhülse für Zeltgestänge
- ☐ Isomatte (bei luftgefüllter Isomatte Flickzeug mitnehmen)
- ☐ Schlafsack mit wasserdichtem Packsack

Kochgerät

- ☐ Benzinkocher, ggfs. Spiritus- oder ☞ Gaskocher
- ☐ Brennstoff mit Flasche, ca. 1 kg für 2 Personen
- ☐ Feuerzeuge (wasserdicht verpackt)
- ☐ Kochgeschirr (bei Tütennahrung reicht ein langer Löffel aus)
- ☐ Becher oder Berghaferl
- ☐ Kocherzange aus Silikon (GSI)
- ☐ Essbesteck (ein Löffel ist ausreichend)
- ☐ Reinigungsschwamm
- ☐ faltbarer Wasserbeutel (Ortlieb, Platypus)
- ☐ Wasserflasche
- ☐ Proviant ☞ Verpflegung

Bekleidung

- ☐ Regenjacke und Regenhose (z.B. Gore-Tex)
- ☐ dicker Fleece-Pullover (z.B. Polartec 200) oder Microfaser-Jacke

- ☐ leichter Fleece-Pullover
- ☐ Wanderhosen
- ☐ Unterwäsche (lang und kurz)
- ☐ stabile und hohe Wanderstiefel (Vollleder oder Gore-Tex)
- ☐ Wandersocken
- ☐ Gamaschen (z.B. Gore-Tex)
- ☐ Watschuhe, Sandalen (z.B. Keen, Teva)
- ☐ Mütze
- ☐ Stirnband
- ☐ Handschuhe

Hygiene

- ☐ Microfaser-Handtuch
- ☐ biologisch abbaubare Seife (Lavasel)
- ☐ Zahnbürste und -pasta (z.B. Weleda)
- ☐ Lippenschutz
- ☐ Vaseline
- ☐ Sonnenschutz (hoher (50) LSF)
- ☐ Mückenmittel für Haut und Bekleidung

Erste Hilfe

- ☐ Verbandszeug
- ☐ Tape, Blasenpflaster
- ☐ Schmerztabletten
- ☐ Alu-Rettungsdecke
- ☐ Elastische Binden

Sonstiges (obligatorisch)

- ☐ Wanderkarte und wasserdichte Hülle
- ☐ Kompass (evtl. ergänzt durch GPS)
- ☐ Schreibzeug
- ☐ Geld und Dokumente (in wasserdichter Hülle)
- ☐ Plastikbeutel und Gummibänder
- ☐ Nähzeug und Sicherheitsnadeln
- ☐ Taschenmesser oder Tool

Sonstiges (fakultativ)

- ☐ Fotoapparat mit Zweitakku und Speicherkarten
- ☐ Ersatzbatterien
- ☐ Taschen-Fernglas z.B. 10x22
- ☐ Angelgerät (☞ Angeln)

CITES-Nachweis

Als Tourist haben Sie in Grönland die Möglichkeit, kunsthandwerkliche Souvenirs, die aus Naturmaterialien hergestellt sind, zu erwerben. Sollten Sie ein Erzeugnis kaufen, das aus **Narwal**, **Weißwal** (Belugawal), **Zwergwal** (von Westgrönland), **Walross** oder **Eisbär** hergestellt worden ist, so brauchen Sie einen CITES-Nachweis.

CITES steht für „Convention on International Trade in Endangered Species of Wild Fauna and Flora" und wurde von mehr als 150 Staaten unterzeichnet. CITES kontrolliert den internationalen Handel mit Tieren und Pflanzen, die gefährdet und von ihrer Ausrottung bedroht sind.

Produkte von den oben aufgeführten Tierarten bedürfen eines CITES-Nachweises, um diese aus Grönland ausführen und nach Deutschland einführen zu dürfen.

Achten Sie darauf, dass Sie den vorgedruckten CITES-Nachweis beim Kauf erhalten.

♦ Direktoratet for Milijö og Natur (Landesamt für Umwelt und Natur), PO Box 1614, DK 3900 Nuuk, ☏ 34 67 01, FAX 32 52 85, 💻 www.unep-wcmc.org, 💻 www.cites.org

Diplomatische Vertretungen

Grönland ist noch immer ein Teil des dänischen Königreichs, weswegen weder in Grönland ausländische Vertretungen zu finden sind noch im Ausland grönländische Vertretungen.

Die einzige Ausnahme stellt das **Honorarkonsulat** von Elke Meissner in Ilulissat dar:

♦ Honorarkonsulat Elke Meissner, Greenland Tours Box 160, DK-3952 Ilulissat, ☏ (002 99)94 44 11, FAX (002 99)94 64 24, ✉ elke@greenlandtours.gl

- ♦ Botschaft der Bundesrepublik Deutschland in Kopenhagen, Stockholmgade 57, DK-2100 Kopenhagen, ☎ (00 45)35 45 99 00, FAX (00 45)35 26 71 05, ✉ info@kopenhage.diplo.de, 💻 www.kopenhagen.diplo.de

Zuständig sind somit die dänischen **Botschaften** und **Konsulate**. In **Deutschland** gibt es u.a. folgende Vertretungen:

- Ⓓ Botschaft des Königreichs Dänemark, Rauchstr. 1, 10787 Berlin, ☎ 030/50 50 20 00, FAX 030/50 50 20 50, ✉ beramb@um.dk, 💻 www.ambberlin.um.dk
- ♦ Generalkonsulat des Königreichs Dänemark, Nordergraben 19, 24937 Flensburg, Postfach 2028, 24910 Flensburg, ☎ 04 61/14 40 00, FAX 04 61/179 28, ✉ flfgkl@um.dk, 💻 www.tyskland.um.dk
- ♦ Konsulat des Königreichs Dänemark, Sendlinger Tor Platz 10/IV, 80336 München, ☎ 089/545 85 40, FAX 089/59 78 15, ✉ mucgkl@um.dk

Österreich

- Ⓐ Botschaft des Königreichs Dänemark, Führichgasse 6, 1010 Wien, ☎ 01/512 79 04-0, FAX 01/513 81 20, ✉ vieamb@um.dk, 💻 www.ambwien.um.dk

Schweiz

- (CH) Botschaft des Königreichs Dänemark, Thunstr. 95, 3000 Bern, ☎ 031/350-54 54, FAX 031/350-54 64, ✉ brnamb@um.dk, 💻 www.ambbern.um.dk

Einreise

Bürger aus Deutschland, Österreich und der Schweiz benötigen bei einem Aufenthalt bis zu drei Monaten in Grönland lediglich einen **Personalausweis** oder einen **Reisepass**, der noch drei Monate gültig sein muss.

Kinder brauchen zwingend seit Mitte 2012 einen eigenen Ausweis oder einen Reisepass. Ein Eintrag im Reisepass der Eltern ist nicht mehr gültig!

Energieversorgung

Lange Wanderungen sind mehr und mehr untrennbar mit dem Verbrauch elektrischer Energie verbunden. Selbst eine kleine Kompakt-Kamera wie z.B. die Leica D-Lux 6 muss mehrfach aufgeladen werden, dazu kommen **GPS-**

Gerät, Steripen und möglicherweise ein **Satellitentelefon** oder ein iPad für den Reisebericht, die **Stirnlampe** - die Aufzählung der Möglichkeiten ist nicht vollständig. Also muss der Bedarf in Wattstunden (Wh) vorher ermittelt werden und z.B. ein vorgeladener **Akkupack** entsprechender Kapazität (50 bis 70 Wh empfohlen) mitgeführt werden. Da zumindest im Sommer die Solarleistung bei schönem Wetter in Grönland akzeptabel ist, darf man an die Mitnahme eines 12W Faltmoduls (ca. 350 g) denken.

Siehe hierzu auch unter 💻 www.getyouradventure.de den Artikel „Mit der Sonnen laden - Energie mobil".

Feuer

Wegen des arktischen Klimas ist das Land um Kangerlussuaq und Sisimiut stellenweise sehr trocken. Da sich ein Feuer auch unter der Oberfläche weiterverbreiten und sich weit von der eigentlichen Feuerstelle entzünden kann, gilt es, eine Feuerstelle (so Sie denn überhaupt genügend trockene Äste finden) mit größter Vorsicht zu bewachen. So sollte das Feuer nicht vor dem völligen Erlöschen (am besten durch Wasser aus einem nahe gelegenen See/Fluss) verlassen werden.

Zum besseren Schutz gegen ungewollte Verbreitung wählen Sie für die Feuerstelle einen leicht feuchten Untergrund oder größere Felsflächen (☞ Naturverträgliches Wandern).

Föhn

Eine klimatische Besonderheit Grönlands ist der Föhn. Dieser trockene und warme Wind „fällt" von den Bergen und kann häufig heftige Sturmstärken erreichen. Föhn entsteht dann, wenn feuchte Luftmassen auf ein Hindernis (Gebirge) stoßen. Durch dieses werden die Luftmassen zum Aufsteigen gezwungen. Dabei kühlt sich die Luft ab. Ist das Kondensationsniveau erreicht, kommt es zur Wolkenbildung und zu Niederschlägen. Im Lee des Gebirges (der vom Wind abgewandten Seite) sinken die Luftmassen wieder ab und erwärmen sich. Somit bringt der Föhn plötzlich auftretende, schwülwarme Temperaturen mit sich und wird häufig durch dunkle linsen- oder fischförmige Wolken angekündigt. Föhnsturm kann mehrmals im Monat auftreten und in der Regel bis zu zwei Tagen andauern. Ein absolut sturmsicheres Zelt ist hier unabdingbar (☞ Ausrüstung).

Fotografieren

Während Ihrer Wanderung werden Sie spektakuläre Lichtstimmungen und fantastische Landschaften erleben, die einzigartige Fotomotive darstellen. Bringen Sie das **Fotomaterial** (Zweitakku und Ersatz-Speicherkarte) auf jeden Fall von zu Hause mit, die Preise dafür sind in Grönland vier- bis sechsmal so hoch. Beachten Sie auch, dass Akkus bei niedrigen Temperaturen - bereits bei 10°C deutlich feststellbar - eine wesentlich geringere Leistung aufweisen.

Wegen des rauen Klimas empfiehlt sich ein guter Schutz für Ihre **Kamera**, der nach Möglichkeit staub- und wasserdicht sein sollte. Für das Fotografieren des Nordlichts, das Sie schon ab Ende August sehen können, benötigen Sie ein **Stativ**. Beachten Sie die hierfür notwendigen langen Verschlusszeiten (bis zu 30 Minuten).

✋ Das Fotografieren von Kirchen während der Gottesdienste ist verboten. Bitte respektieren Sie beim Fotografieren auch die Privatsphäre der Einheimischen und fragen Sie nach, ob die Person auch wirklich auf das Foto möchte.

Geld

Es gibt keine eigene grönländische Währung, gültiges Zahlungsmittel ist die dänische Krone (DKK oder Dkr.). Dänemark gehört noch nicht zur Euro-Zone, die Währungseinheit ist damit weiterhin die dänische Krone, die 100 Öre hat. Viele Geschäfte zeichnen ihre Waren jedoch in € und DKK aus (1 € = 7,46 DKK).

Im Umlauf sind Banknoten zu 50, 100, 200, 500 und 1.000 Kronen. Münzen sind in den Einheiten von 1, 2, 5, 10 und 20 Kronen erhältlich, zudem gibt es noch 25- und 50-Öre-Münzen.

1 Krone = € 0,13	100 Kronen = € 13,41
10 Kronen = € 1,34	200 Kronen = € 26,82
25 Kronen = € 3,35	500 Kronen = € 67,04
50 Kronen = € 6,70	1.000 Kronen = € 134,08
75 Kronen = € 10,06	

Neben der Zahlung in bar wird fast überall die Kreditkarte akzeptiert.

Geldwechsel

Wenn Sie von Kopenhagen aus nach Grönland fliegen, sollten Sie dort die Gelegenheit nutzen, sich schon reichlich mit DKK einzudecken. Für Bargeld besteht derzeit keine Einfuhrbeschränkung.

In Kangerlussuaq gibt es keine Bank und auch keinen Geldautomaten. Sie können dort nur Bargeld bei der Post und Flughafenhotel umtauschen. Bei der Post beträgt die Umtauschgebühr DKK 30, in den Hotels ist es in der Regel teurer.

In Sisimiut besteht die Möglichkeit, bei der Grønlandsbanken (neben der Post) mit der ec-Geldkarte Geld abzuheben. Ebenso ist dort der Umtausch von Bargeld, Euro- und Reiseschecks möglich. Postschecks können Sie bei der Post in Sisimiut umtauschen. Die Geldautomaten in Sisimiut sind nur während der Banköffnungszeiten zugänglich.

Versuchen Sie nach Möglichkeit, für ihre Bankgeschäfte die Wochenendtage zu meiden. Grønlandsbanken ist die einzige Bank in Sisimiut und gerade an Wochenendtagen sind dort lange Schlangen vor dem Geldautomaten keine Seltenheit.

Hütten

Die Hütten, auf die Sie während der Wanderung treffen, sind isoliert und haben Isolierglasfenster. Sie sind einfach eingerichtet, bestehen aus einem einzigen Raum, haben fast alle saubere Matratzen, eine Kochstelle ohne Kocher, in einigen Fällen einen Petroleumofen (in der Regel ohne Brennstoff) und vier bis acht Schlafplätze.

Ausnahmen stellen nur das Kanucenter (☞ 5. Etappe) und die neue Hütte am großen See südöstlich des Innajuattoq (☞ 8. Etappe) dar. Diese Hütten bieten deutlich mehr Schlafplätze und Räume.

Die Benutzung der Hütten ist für alle Wanderer auf der Tour kostenlos. Alle Hütten werden bei in den entsprechenden Tagesetappen genau beschrieben.

Magnetische Deklination und Inklination

Unter der Magnetischen Deklination oder auch Missweisung versteht man die Abweichung der Kompassnadel-Stellung zwischen dem magnetischen Norden (Kompassnadel) und dem geografischen Norden (Karte).

Die Deklination ist nicht nur an jedem Punkt der Erde verschieden, sondern verändert sich ständig und teilweise auch mit zunehmender Geschwindigkeit. So ist eine genaue Aussage nur für einen bestimmten Zeitpunkt möglich. Für 2010 betrug die Missweisung entlang des Arctic Circle Trails gemäß NOAA-Karte -31° oder Nord 31°. Für 2013 haben wir -30° ermittelt.

Unter diesem Link 💻 upload.wikimedia.org/wikipedia/commons/d/dd/World_Magnetic_Model_Main_Field_Declination_D_2010.png findet man eine sehr genaue Missweisungskarte.

Auf jeden Fall müssen Sie beachten, dass die Missweisung an Ihrem Kompass durch eine kleine Schraube einstellbar ist. Sie verdrehen dadurch die Nordmarke für die Nadelspitze gegenüber der Skala. Wenn also die Nadel auf 30° steht, ziehen Sie die Missweisung (Beispiel -30°) ab und Sie erhalten geographisch Nord.

Wem das zu theoretisch ist, hier noch eine pragmatische Anleitung: Vorausgesetzt Sie haben eine topografische Karte dabei, suchen Sie in der Ankunftsstadt einfach eine Straße, Weg oder sonst eine Landmarkierung, die exakt in Nord-Süd-Richtung verläuft. Stellen Sie sich mit Ihrem Kompass dorthin und richten Sie das Kompassgehäuse in Nord-Süd-Richtung aus. Jetzt drehen Sie die Missweisungs-Korrekturschraube soweit, bis die Skala Nord in Richtung der Straße anzeigt.

Eine weitere Möglichkeit bietet das GPS-Gerät: Sie können bei GPS-Geräten mit Magnet-Kompass in den Kompass/Richtungs-Einstellungen zwischen wahr und magnetisch wählen, da die Geräte die Ortsdaten der Missweisung gespeichert haben. Dann können Sie die beiden Anzeigen der Kompassrose vergleichen und die Missweisung für Ihren Handkompass verwenden.

Genauso ärgerlich ist eine weitere Eigenheit des Erdmagnetfeldes: Die Inklination, die das schräge Fallen der Magnetfeldlinien gegenüber der Erdoberfläche beschreibt. Da auch die Inklination weltweit unterschiedlich ist - in Deutschland ca. 65° - muss für jede der 5 weltweiten Magnetzonen eine anders magnetisierte Kompassnadel eingesetzt werden. Andernfalls stößt die Nadel am Gehäuse an und klemmt bzw. man muss den Kompass schräg nach oben oder unten, rechts oder links halten, kann dann aber nicht mehr peilen.

Abhilfe wäre z.B. der Kauf eines korrekt magnetisierten Kompasses vor Ort, zu Hause eine passende Austauschkapsel kaufen oder viel einfacher einen Kompass mit sogenannter „Global"-Nadel, z.B. von Suunto oder Recta, kaufen, bei dem durch einen kleinen Magnetring konstruktiv Nadel und Magnet entkoppelt sind.

📖 **Karte Kompass GPS**, Basiswissen für draußen, Band 4, Reinhard Kummer, Conrad Stein Verlag, ISBN 978-3-86686-404-7, € 8,90 [D]

Naturverträgliches Wandern

Das Wandern auf dem **Arctic Circle Trail** wird sicher einer der Höhepunkte Ihres „Wandererlebens" sein. Die Abgeschiedenheit von der Zivilisation und die absolute Unversehrtheit der arktischen Natur machen die Faszination dieser Tour aus. Doch mit jedem Wanderer steigt auch zugleich die Belastung für die Natur. Damit die oftmals unbewusst verursachten Schäden in der Natur diese nicht mehr belasten als notwendig und damit auch Wanderer nach Ihnen noch in den Genuss der prächtigen und unberührten arktischen Landschaft Grönlands kommen können, sollen nun im Folgenden einige Tipps zum naturverträglichen Wandern gegeben werden.

▷ Wann immer Sie auf gut sichtbare Wanderwege stoßen, benutzen Sie diese (sofern Sie nicht in die falsche Richtung führen ☺). Laufen Sie in der Mitte dieser Wege hintereinander her.

▷ Sollten Sie keine Wege oder Pfade vorfinden, gilt das Gegenteil. Laufen Sie nebeneinander her, da die Bodenvegetation sich in der Regel von einmaligen Belastungen erholen kann, selten hingegen von Doppelbelastungen.

▷ Kürzen Sie keine Serpentinenwege ab, da durch den zusätzlichen Weg die Erosion unnötig beschleunigt wird.

▷ Unterhalten Sie sich leise und verhalten Sie sich unauffällig, um die Tierwelt so wenig wie möglich zu stören.

▷ Beachten Sie die hohen Fluchtdistanzen von Tieren. Unnötige, durch den Wanderer provozierte Fluchten kosten jedes Tier Energie, die es in der rauen arktischen Zone oft nur unter schwierigen Umständen und mit großem Aufwand wieder auffüllen kann.

▷ Benutzen Sie bereits gut erkennbare **Zeltplätze**, da sich die Vegetation dort den Belastungen angepasst hat. Finden Sie keinen offensichtlichen Zeltplatz, so achten Sie bei der Auswahl bitte auf einen festen Untergrund (felsige oder sandige Böden), und versuchen Sie, eine Mehrfachbelastung der Bodenvegetation zu vermeiden. Wollen Sie dort mehrere Nächte übernachten, so sollten Sie nach einer Nacht den Zeltplatz wechseln, da sich sonst der Boden von der Belastung nicht wieder erholen wird.

▷ Finden Sie vorhandene **Feuerstellen**, so nutzen Sie diese. Sollte Gefahr bestehen, dass das Feuer sich ausbreiten kann, so verzichten Sie unbedingt auf dieses. Benutzen Sie für das Feuer nur am Boden liegendes **totes Holz**, das Ausreißen von Kriechweiden- oder Wachholderwurzeln ist nicht nur nicht lohnenswert, da das Holz nass ist und nicht brennt, sondern auch wenig naturverträglich, da dem Gewächs somit eine mögliche Wachstumsgrundlage genommen wird.

▷ Verzichten Sie bei der Reinigung des Kochgeschirrs nach Möglichkeit auf Spülmittel. Sollte dies dennoch verwendet werden, so achten Sie darauf, dass es **biologisch abbaubar** ist und nicht direkt in die Gewässer gelangt (ein Abstand von 50 m ist ausreichend).

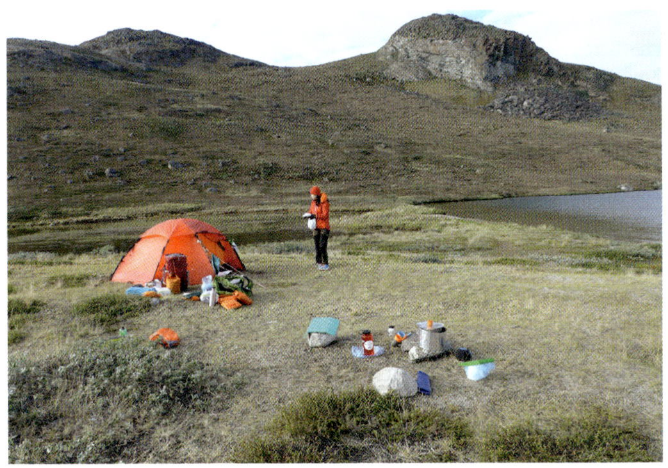

Gut erkennbarer Zeltplatz mit Feuerstelle (Etappe 4)

▷ Auch bei der Körperwäsche sollten Sie nur **biologisch abbaubare Seife** benutzen. Diese sollte ebenfalls nicht direkt in das Gewässer gelangen. Sie können sich im Gewässer nassmachen, die eigentliche Reinigung sollte dann im Abstand von 50 m vom Gewässer durchgeführt werden, da der Boden die Waschsubstanzen und die körpereigenen Öle und Fette besser abbaut.

▷ Gleiches gilt auch für die Kleidungswäsche.

▷ Nehmen Sie alles, was Sie in die Wildnis mitbringen, auch wieder mit zurück. Leere Gaskartuschen, Verpackungen und Lebensmittelreste haben in der Natur nichts verloren. Am besten reduzieren Sie schon zu Hause durch Umpacken in wiederverwendbare Verpackungen den Müll, den Sie in die Wildnis mitnehmen.

▷ Achten Sie bei Ihrer Toilette darauf, dass Ihr Geschäft, sollte es auf dem offenen Boden liegen, weit genug abseits des Weges liegt und so die anderen Wanderer nicht einschränkt oder belästigt. Die Alternative ist ein Katzenloch, das sie ausgraben, nachdem Sie ein Bodenstück möglichst zusammenhängend ausgestochen haben. Die ideale Tiefe ist der humusreiche Bereich des Bodens. Nach dem Geschäft sollte das Katzenloch wieder mit dem möglichst zusammenhängenden Bodenstock geschlossen werden. Außer wenn die Gefahr besteht, dass sich ein Feuer verbreiten könnte, sollten Sie das Toilettenpapier immer vollständig verbrennen. Wenn möglich, verzichten Sie auf den Einsatz von Toilettenpapier und verwenden stattdessen Blätter oder Moos.

📖 **How to shit in the woods**, Basiswissen für draußen, OutdoorHandbuch Band 103, Conrad Stein Verlag, ISBN 978-3-86686-279-1, € 7,90

♦ **Sport und Natur** - *bewusster draußen unterwegs*, Basiswissen für draußen, OutdoorHandbuch Band 239, Conrad Stein Verlag, ISBN 978-3-86686-275-3, € 8,90

Nordlicht

Dieses wunderbare Naturschauspiel können Sie natürlich während der Wintermonate, im südlichen Grönland aber auch schon im August, beobachten. Dann ziehen weiße, grüne, gelbe oder rote Schleier am nächtlichen Himmel entlang, deren Anblick unvergesslich bleibt. Die Büschel oder Strahlenbögen scheinen wie Vorhänge herniederzusinken. Für die Inuit sind es die Fackeln der Götter, die Verstorbene ins Paradies begleiten. Nach eskimoischer Tradition entsteht das **Nordlicht**, wenn die Toten am Himmel mit einem Walrosskopf Ball spielen. Da das Phänomen auch am Südpol auftritt, wird es allgemein als Polarlicht bezeichnet.

Vereinfacht gesagt, wird das **Polarlicht** durch geladene Teilchen hervorgerufen, die in die Erdatmosphäre eindringen. Die Sonne sendet nämlich nicht nur Licht und Wärme zu uns, sondern es geht auch eine Teilchenstrahlung von ihr aus, der sogenannte Sonnenwind. Dabei handelt es sich um einen Strom geladener Teilchen, hauptsächlich Protonen und Elektronen. Die genaue Entstehung des Polarlichts beruht auf komplexen physikalischen Prozessen und soll deshalb hier nur kurz skizziert werden.

Der Sonnenwind bewirkt eine Verformung des nahezu symmetrischen Magnetfelds der Erde. Die sogenannten Magnetfeldlinien werden durch den Sonnenwind auf der sonnenzugewandten Seite zusammengedrückt, auf der sonnenabgewandten Seite werden die polnahen (magnetischer Pol) weggedrückt, und es entsteht ein regelrechter Schweif. Die gesamten die Erde umgebenden Magnetfeldlinien werden Magnetosphäre genannt. An ihr strömt der Sonnenwind vorbei, ähnlich wie das Wasser in einem Fluss an einem Hindernis vorbeiströmt. Dabei können die Teilchen jedoch nur am hinteren Ende des Schweifs in diesen eindringen. Dort, in der sogenannten Plasmaschicht, sammeln sich die Teilchen, werden von Magnetfeldern eingeschlossen und bilden ein Reservoir an Teilchen. Die Plasmaschicht ist durch Magnetfeldlinien mit den polnahen Gebieten der Erde verbunden. Durch sehr komplizierte elektrische Felder, die der an der Plasmaschicht vorbeiziehende Sonnenwind erzeugt, werden Elektronen aus der Plasmaschicht entlang der Magnetfeldlinien zur Erde hin beschleunigt. Bei hohen geografischen Breiten (65°-75°) treten sie in die Atmosphäre ein.

Hier stoßen die schnellen Elektronen mit den Luftbestandteilen zusammen. Beim Stoß wird Energie auf die Luftbestandteile übertragen. Sie werden angeregt, indem ein äußeres Elektron auf eine höhere Bahn gehoben wird. Fällt dieses Elektron in den Grundzustand zurück, wird Licht ausgestrahlt. Dabei hängt die Farbe des ausgestrahlten Lichts vom Stoßpartner ab. Sauerstoffatome emittieren im sichtbaren Bereich vor allem grünes und rotes Licht, Stickstoffmoleküle vor allem blaues und violettes Licht. Da das von den Sauerstoffatomen abgestrahlte Licht am stärksten ist, erscheinen die Polarlichter häufig grün oder rot. Die Stoßanregung, die das Leuchten bewirkt, passiert in Höhen zwischen 100 km und 500 km. Grünes Licht ist am intensivsten in einer Höhe von 120-140 km, rotes oberhalb von etwa 200 km.

Die Nordlicht **Forschungsstation in Kelly Ville** kann nach Voranmeldung besichtigt werden.

Orientierung

Die Mitnahme von Kompass und Karte ist Grundvoraussetzung für den **Arctic Circle Trail**. Jedoch ist der Einsatz von einem GPS-Gerät mit Kartendarstellung einfacher in der Handhabung, genauer und schneller.

Die neuen Garmin Geräte, wie z.B. der Oregon 600, können **Vektorkarten** von 💻 www.openstreetmap.org ebenso darstellen wie **Rasterkarten** (Garmin Custom Maps), die von **Papierkarten** gescannt werden können oder im Web zur Verfügung stehen. Für das Umwandeln der Rohkarten in das garminverträgliche Datenformat ist ein bisschen Suche im Web erforderlich. Laufzeit im Energiesparmodus, automatischer Displayabschaltung mit einem Satz 2850er Akkus ca. 1 ½ Tage.

Für iPhone gibt es die kostenpflichtige App „PDF Maps" von Avenza. Diese stellt die 100.000er Karten Sisimiut, Pingu und Kangerlussuaq für das iPhone zur Verfügung, sodass man unterwegs perfekte GPS-Navigation mit topografischen Karten genießen kann. Laufzeit mit einer Akkuladung ca. 6 bis 8 Std.

☺ Hier können Sie sich den GPS-Track für den Arctic Circle Trail herunterladen: http://gps.conrad-stein-verlag.de/137ArcticCircleTrail02cd09.zip

Polizei/Rettungsdienst

Die Such- und Rettungseinsätze für Vermisste obliegen dem Verantwortungsbereich der Polizei. Gesucht wird nach eingehenden Hinweisen, z.B. von anderen Personen oder durch einen Notruf per Satelliten-Telefon mit Angabe der GPS-Koordinaten. Lassen Sie sich vor der Wanderung die aktuelle Notruf-Nummer mit Vorwahl geben und testen Sie diese ggfs. im Beisein eines Polizisten! Ein Abmelden und späteres Rückmelden bei der Polizei ist nicht hilfreich und wird auch nicht gewünscht! Diesbezügliche Empfehlungen sind nach Rücksprache mit der Polizei in Kangerlussuaq ausschließlich für größere Expeditionen über das Inlandseis gültig.

Damit eine evtl. Rettungsaktion mit größter Wahrscheinlichkeit erfolgreich ausgeht und Sie gefunden werden, ist es notwendig, dass Sie im Gelände auf sich aufmerksam machen. Die meisten Wanderer, die erst zu spät von den Rettungskräften gefunden wurden, hatten sich entweder zu weit von der beabsichtigten und bei der Polizei angegebenen Route entfernt oder wurden bei den Rettungseinsätzen aus der Luft nicht gesehen, da sie im Gelände nicht auf sich aufmerksam gemacht hatten.

Damit die Rettungskräfte Sie aus der Luft auch wirklich bemerken, können Sie entweder SOS in großen Buchstaben mit Steinen oder möglichst auffälliger Bekleidung legen. Notfallraketen, Signalgeber und Handfackeln, die Sie erst zünden sollten, sobald Sie ein Flugzeug oder einen Helikopter hören, erleichtern das Auffinden genauso wie das Blenden mit einem Spiegel, der bei klarer Sicht in bis zu 75 km Entfernung gesehen werden kann. Für den Fall, dass Sie sich in der Nähe einer bewohnten Siedlung befinden, können Sie auch mit der Pfeife Signale geben. Dazu pfeifen Sie sechs Mal in jeder zweiten Minute.

In der Regel ist ein Rettungseinsatz für die Touristen nicht kostenpflichtig, es sei denn, Ihr Verschwinden beruht auf grober Fahrlässigkeit. Damit es aber erst gar nicht notwendig wird, Sie retten zu müssen, sollten Sie ein paar wichtige Regeln beim Wandern berücksichtigen (☞ Sicherheitsregeln).

✆/☏ Kommunikation

Sowohl Kangerlussuaq als auch Sisimiut haben ein **Postamt**, von dem aus Sie telefonieren können. Zudem gibt es in Kangerlussuaq direkt im Flughafengebäude Münzfernsprecher. In Sisimiut finden Sie weitere Telefonzellen in den großen Supermärkten und in den Übernachtungsmöglichkeiten.

Ein Ortsgespräch kostet mindestens DKK 2, ein Ferngespräch mindestens DKK 10 (in den Hotels oder Seemannsheimen meist mehr).

✆ Vorwahl nach Grönland: 002 99 + Teilnehmernummer

✆ Vorwahl von Grönland: Deutschland: 00 49, Österreich: 00 43, Schweiz: 00 41

✋ Handys über GSM (900 MHz) funktionieren nur in den Orten. Eine Netzabdeckung außerhalb der Ortschaften besteht nicht.

☏ Die für die Kommune Sisimiut gültige Notrufnummer ist die 113.

✉ Das Porto nach Europa beträgt für eine Postkarte oder einen Standardbrief DKK 5,50 .

Für die Wanderung empfehlen wir die Mitnahme eines Iridium-Satelliten-Telefons, das man sowohl mieten (💻 www.woick.de) als auch kaufen kann. Das Iridium-System ist das einzige mit weltweiter Überdeckung und kann auch zur (langsamen) Datenübertragung (Mail) genutzt werden.

Die Postleitzahl von Kangerlussuaq lautet DK-3910 und von Sisimiut DK-3911.

Reisezeit

Als Reisezeit für die Wanderung auf dem **Arctic Circle Trail** empfiehlt sich der Zeitraum von Anfang Juli bis Ende August, wobei sich besonders die letzten drei Augustwochen empfehlen, da durch die ersten Nachtfröste die meisten Mücken getötet werden und das Fjäll in malerischen Herbsttönen leuchtet.

Wenn Sie vor dem Juli reisen möchten, müssen Sie wegen der **Schneeschmelze** mit sehr hohen Wasserständen rechnen, einige Flüsse können unpassierbar sein. Zudem sind die Mücken in dieser Zeit sehr zahlreich vorhanden und besonders angriffslustig.

Der Zeitraum nach Ende August ist in der Regel durch Hochdruckwetter geprägt, das Ihnen klare Tage mit empfindlich kalten Temperaturen beschert. Spätestens ab Mitte September setzt in Grönland der Winter ein und das Wandern auf dem **Arctic Circle Trail** kann nicht mehr empfohlen werden, da die Tage deutlich kürzer werden und jederzeit mit Schnee und Schneestürmen gerechnet werden muss. Zudem wird spätestens Anfang September die touristische Saison beendet und die meisten Übernachtungsmöglichkeiten werden geschlossen.

❄ Für Skitouren empfehlen sich die Monate März und April (☞ Arctic Circle Race).

Sicherheitsregeln

▷ Bereiten Sie sich sorgfältig auf die Wanderung vor. Dazu gehört entsprechendes körperliches Training vor dem Urlaub genauso wie eine sorgfältige Auseinandersetzung mit dem **Arctic Circle Trail** (am besten anhand der ☞ Wanderkarten und diesem Buches ☺).

▷ Berücksichtigen Sie vor Tourbeginn die Wettervorhersage, und behalten Sie die aktuelle Wetterlage im Auge (☞ Wetter).

▷ Berücksichtigen Sie die Hinweise der erfahrenen Wanderer.

▷ Gehen Sie niemals ohne Karte und Kompass auf eine Tour. Der Umgang mit Karte und Kompass sollte Ihnen schon vor der Wanderung absolut vertraut sein. Grönland ist nicht der richtige Ort, dies erst dort zu lernen.

- ▷ Seien Sie immer auf das schlechteste Wetter und mögliche Unfälle eingestellt.
- ▷ Wandern Sie nicht allein.
- ▷ Kehren Sie gegebenenfalls rechtzeitig um.
- ▷ Sie sollten mit Ihren Kräften haushalten, Reserven bewahren und schon frühzeitig nach einem Notunterschlupf Ausschau halten.
- ▷ Gehen Sie nur mit der richtigen Ausrüstung, die genügend warme Bekleidung umfassen sollte, auf die Tour. Die Ausrüstung sollte auch ein Notfallpaket enthalten.

Wohlverdiente Pause, um neue Kräfte zu sammeln

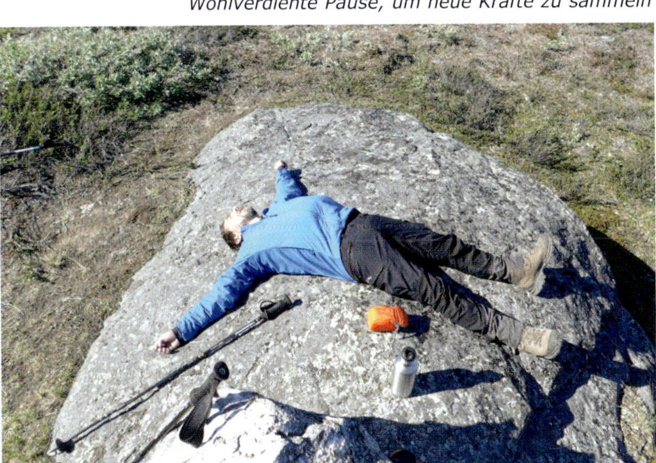

Sprache

Die offizielle Sprache Grönlands ist Grönländisch, einer von diversen im arktischen Raum verbreiteten **Inuit-Dialekten**. Es bestehen Ähnlichkeiten zu den in Kanada und Alaska gesprochenen Dialekten. Innerhalb Grönlands gibt es verschiedene regionale Unterschiede, im Wesentlichen können sich aber alle Westgrönländer verstehen. Lediglich zu den ostgrönländischen Dialekten bestehen größere Abweichungen.

Die zweite wichtige Sprache Grönlands ist das Dänische, das von sehr vielen in Grönland lebenden Menschen gesprochen wird. Vor allem in Verwaltung, Wirtschaft und im Bildungsbereich spielt Dänisch eine sehr große Rolle, da die wesentlichen höheren Positionen in diesen Bereichen in der Regel von Dänen besetzt sind. Man kann also zusammenfassend sagen, dass Grönland de facto zweisprachig ist.

Darüber hinaus sprechen viele Grönländer auch noch Englisch.

Treibsand

An einigen Stellen in der Region Kangerlussuaq und vor allem in der Nähe des Inlandeises müssen Sie mit der Gefahr von Treibsand rechnen. Insbesondere bei Flussdurchquerungen müssen Sie darauf gefasst sein. Gebiete, in denen sich große Felsen und Vegetation befinden, sollten in der Regel frei von Treibsand sein.

Trinkwasser

Die Trinkwasserversorgung auf dem Trail ist absolut unproblematisch. Sie kommen immer in kurzen Abständen an Flüssen oder Seen vorbei, an denen Sie Ihren Vorrat problemlos auffüllen können. Das Wasser der Seen und Flüsse schmeckt hervorragend, ist keimfrei und muss nicht abgekocht oder entkeimt werden. Zur Sicherheit kann ein 90 g leichter Steripen UV-Entkeimer oder Micropur-Tabletten mitgeführt werden.

Steripen-Entkeimung

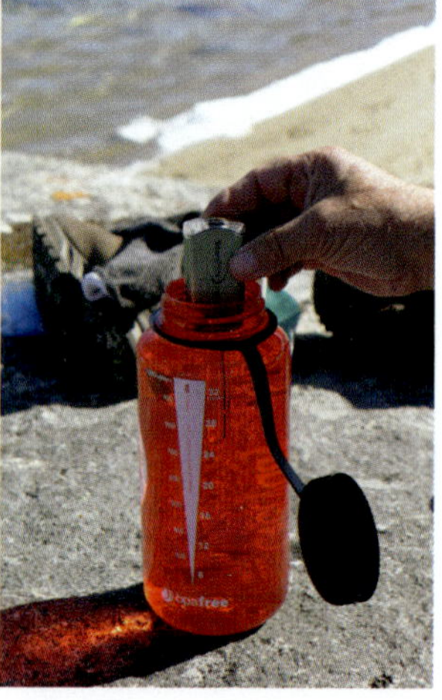

Updates

Der Conrad Stein Verlag veröffentlicht Updates zu diesem Buch, die direkt vom Autor oder von Lesern dieses Buches stammen. Bitte suchen Sie vor Ihrer Abreise auf der Verlags-Homepage www.conrad-stein-verlag.de diesen Titel. Unter dem Link „mehr lesen" finden Sie alle wichtigen Informationen.

Der rechts abgebildete QR-Code führt Sie direkt zu der richtigen Seite.

Verpflegung

Während des gesamten **Arctic Circle Trails** besteht keine Gelegenheit, die Verpflegungsrationen aufzustocken, d.h. Sie müssen von Anfang an die gesamte Verpflegung für mindestens zehn oder elf Tage in Ihrem Rucksack tragen.

Daher sollten Sie auf wasserreiche, schwere Lebensmittel (z.B. in Dosen) verzichten und sich stattdessen mit entsprechender Sorgfalt nach leichten, aber nahrhaften Alternativen umschauen. Auch durch das Daheimlassen von unnötigen Verpackungen können Sie das Gewicht niedrig halten. Bei allen Lebensmitteln, die Sie mitnehmen wollen, sollten Sie darauf achten, dass diese neben einem möglichst niedrigen Gewicht ein hohes Maß an Nährstoffen (Kohlenhydrate, Eiweiß und Fett) enthalten.

Bei Lebensmitteln, die gekocht werden müssen, sollten Sie auf eine möglichst geringe Kochzeit achten, da Sie sonst sehr viel **Brennstoff** mitnehmen müssen.

Genau auf diese Anforderungen zugeschnitten sind die sogenannten gefriergetrockneten **Trekking-Mahlzeiten**, das Travellunch. Diese sind sehr nahrhaft, leicht und sicher verpackt, sparen Brennstoff, sind abwechslungsreich und ganz lecker, aber eben auch recht teuer.

Für eine 11-tägige Tour (inkl. Notreserve) mit 1.550 kcal/Tag und Person sind 33 Tüten je 125 g mindestens erforderlich. Das ergibt eine Bruttomasse von ca. 6 kg und ein Volumen von etwa 20 Liter. Die kcal-Angaben beziehen sich auf unser Gesamtgewicht (Trekker + Gepäck) von ca. 85 kg. Bei einem 80-kg-Trekker mit Gepäck benötigt man ca. $^1/_3$ mehr an kcal, also ca. 2.000.

Da für die Tour nicht auf das Haltbarkeitsdatum geachtet werden muss, können die Tüten zu Hause mit einer Nadel aufgestochen und das Stickstoffgas zwischen 2 Kissen herausgedrückt werden. Dann mit einem Tesastreifen zukleben. So wird das Volumen auf ca. 12 Liter reduziert.

Eine Alternative sind sogenannte Nudel- oder Reisschnellgerichte, die aber meist wesentlich länger kochen müssen, nicht auf die Anforderungen an die Ernährung beim Wandern abgestimmt sind, dafür jedoch weniger als die Hälfte kosten.

Mittagessen

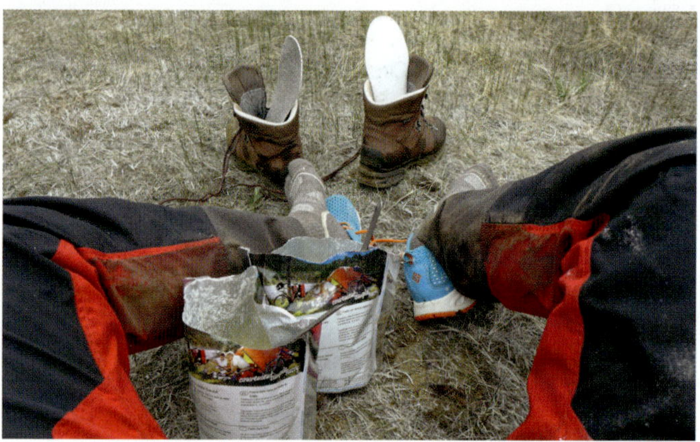

Als gute Basis für das Abendbrot können auch Couscous, Hirse, schnell kochende Nudeln oder schnell kochender Reis dienen, die Sie gut mit einer Tütensoße kombinieren können.

Letztendlich müssen Sie sich überlegen, ob Sie lieber mehr tragen und dafür etwas exquisiter kochen möchten, oder ob Sie genau auf jedes Gramm achten und dafür beim Geschmack ein paar Abstriche machen wollen.

Für das Frühstück empfehlen sich neben dem Travellunch, Müslis und Haferflocken, die Sie nach Belieben mit Kokosraspeln, Mandeln, Nüssen oder Trockenobst aufpeppen können. Anstelle des Milchpulvers können Sie auch wasserlöslichen Kakao für das Anrühren des Müslis verwenden.

Wasserlöslicher Kakao (den Sie besonders an kalten Abenden vor dem Schlafengehen zu schätzen lernen werden), Tee und wasserlöslicher Kaffee sind die besten heißen Getränke für unterwegs.

Schokolade, Trockenobst und Nüsse (die Nr 1: Macadamia Nüsse mit 770 kcal/100 g) können sowohl als „Stimmungsaufheller" an anstrengenden Tagen als auch als energiereiche Notverpflegung oder als kleines „Betthupferl" dienen.

Die Möglichkeit, den Speiseplan um einen Arktischen Saibling (☞ Angeln) zu erweitern, besteht fast immer. Doch sollten Sie sich nur auf diese Möglichkeit verlassen, wenn Sie bereit sind, auch einmal auf eine Mahlzeit zu verzichten; denn schnell kann schlechtes Wetter, Wind oder einfach Appetitlosigkeit von Seiten der Fische den eingeplanten Fischfang verhindern und Ihren Appetit ins Unerträgliche steigern.

📖 **Kochen 1** - *aus Rucksack und Packtasche*, Basiswissen für draußen, Outdoor-Handbuch Band 8, Nicola Boll, Conrad Stein Verlag, ISBN 978-3-86686-406-1, € 8,90 [D]

Wanderkarten

Die Wanderkarten sind unersetzbarer Bestandteil Ihrer Wanderausrüstung, ohne diese sollten Sie den Trail auf gar keinen Fall begehen!

Die für diesen Trail benötigten Wanderkarten werden von Greenland Tourism A/S herausgegeben und haben einen Maßstab von 1:100.000. Um den Arctic Circle Trail begehen zu können, brauchen Sie drei Karten:

- Wanderkarte Westgrönland: Kangerlussuaq
- Wanderkarte Westgrönland: Pingu
- Wanderkarte Westgrönland: Sisimiut

✋ Bitte benutzen Sie für Ihre Wanderung ausschließlich diese Karten, die ebenfalls erhältlichen Sagamaps im Maßstab von 1:250.000 sind zwar nett anzuschauen, aber für die Wanderung nicht zu gebrauchen.

Unter 💻 www.openstreetmaps.org findet man fantastische Karten, Stadtpläne der ganzen Welt - nur Grönland ist noch etwas mager dargestellt. Immerhin findet man inzwischen den ACT und Stadtpläne von Sisimiut und anderen Städten.

Nach Möglichkeit sollten Sie sich die Wanderkarten schon zeitig vor dem Urlaub besorgen, da Sie sich dann bereits zu Hause mit dem Arctic Circle Trail beschäftigen können. Das hat den Vorteil, dass Sie sich eine genauere Vorstellung davon machen können, wie das Gelände in Grönland beschaffen ist, wie viel Zeit Sie brauchen werden, wie viel Lebensmittel dementsprechend eingeplant werden müssen, usw.

Zu beziehen sind die Karten in Deutschland bei

- Geobuchhandlung Kiel, Schülperbaum 9, 24103 Kiel, ☏ 04 31/910 02, FAX 942 49, ✉ geobuchkiel@t-online.de, 💻 www.geobuchhandlung.de.
- Bernd Woick GmbH, Plieninger Str. 21, 70794 Filderstadt, ☏ 07 11/709 67 00 ✉ woick@woick.de, 💻 www.woick.de

Die Topo-Karten vom ACT gibt es hier als PDF Maps für iPad, iPhone und andere Geräte.

💻 www.avenza.com/pdf-maps/store

Wenn Sie sich die Karten erst vor Ort besorgen möchten, ist dies sowohl bei der Touristen-Information in Kangerlussuaq (☞ Kangerlussuaq: ℹ Information) als auch bei dem Touristenbüro in Sisimiut (☞ Sisimiut: ℹ Information) möglich. In Kangerlussuaq sind die Karten außerdem in dem kleinen Touristenshop hinter dem Flughafen erhältlich. Dort sind sie deutlich günstiger!

Wandertechnik

Damit Sie im Urlaub die ersten Wandertage mit dem noch sehr schweren Rucksack nicht als reine Pein empfinden, empfiehlt sich eine gezielte Urlaubsvorbereitung schon zu Hause. Regelmäßiges Joggen, lange Spaziergänge und ausgiebige Tagestouren in heimischen Gefilden oder notfalls häufiges Treppensteigen im Hause mit dem Rucksack stärken die Muskulatur und verringern somit die Verletzungsgefahr im Wanderurlaub.

Während der Trekkingtour sollten Sie unbedingt von falschem Ehrgeiz Abstand nehmen und Ihre Kräfte einzuschätzen wissen. Entwickeln Sie ein Gefühl für das subjektiv richtige Tempo. Auf diese Weise können Sie sich vor Überanstrengungen und dadurch bedingte Unfälle und Verletzungen schützen.

Während der **Tagesetappen** sollten Sie regelmäßig trinken und etwas längere Pausen in Zeitabständen von etwa 1 bis 1 ½ Stunden einlegen. Damit sich der Rücken während der längeren Pausen entspannen kann, setzen Sie den Rucksack ab. Bei kurzen Pausen (bspw. zum Trinken) können Sie sich gegen Steinblöcke stützen oder auf Felsen setzen und somit die Last für den Rücken etwas vermindern.

Nach etwa 3 Stunden empfiehlt sich eine lange Pause. Während dieser sollten Sie die Schuhe und die Socken ausziehen und die Sohle aus dem Schuh nehmen, damit diese und besonders auch Ihre Füße atmen können. Bei schönem Wetter kann ein kleines Nickerchen wahre Wunder wirken. Während der langen Pause ziehen Sie am besten das verschwitzte T-Shirt aus und ein frisches „Pausen-Shirt" an. Zudem sollten Sie noch einen warmen Pulli extra drüberziehen, da Sie sonst ohne Bewegung in der arktischen Region sehr schnell auskühlen.

Nach der langen Pause setzen Sie die Tour im gleichen Rhythmus wie am Vormittag fort. Der Abend sollte der totalen Regeneration dienen.

Während einer 10- bis 14-tägigen Tour sollten Sie unbedingt einen Ruhetag einlegen. Dieser kann zum Waschen, Faulenzen, Angeln oder Erkunden der Umgebung dienen. Zudem wird sich Ihre Muskulatur über ein wenig Erholung freuen, und Sie werden den nächsten Tag nach der Regeneration mit viel Schwung angehen können.

Waten

Auf dem **Arctic Circle Trail** ist das Durchwaten von Flüssen notwendig. Das Flusswaten birgt wegen der unebenen und nicht erkennbaren Bodenbeschaffenheit, wegen des häufig tiefen und stark strömenden Wassers und der niedrigen Temperaturen große Risiken in sich.

Jede Watstelle sollte vor dem Betreten des Wassers in aller Ruhe untersucht werden. Flussbiegungen können tückisch sein, da die Strömungen Untiefen verursachen können. Es ist sinnvoller, nach einer geraden Flussstel le zu suchen, da diese von der Wassertiefe besser abschätzbar ist.

Sollte die Watstelle, an der Sie sich befinden, zu tief sein, haben Sie zwei Möglichkeiten: Entweder Sie folgen dem Fluss stromaufwärts und hoffen, dass dieser schmaler wird und durch „Steinehüpfen“ zu überwinden ist, oder Sie laufen flussabwärts und queren den Fluss an einer möglichst breiten Stelle mit vielen Flussarmen, die dafür in der Regel nicht so tief sind.

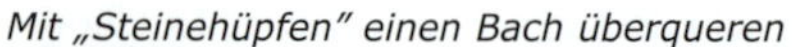
Mit „Steinehüpfen" einen Bach überqueren

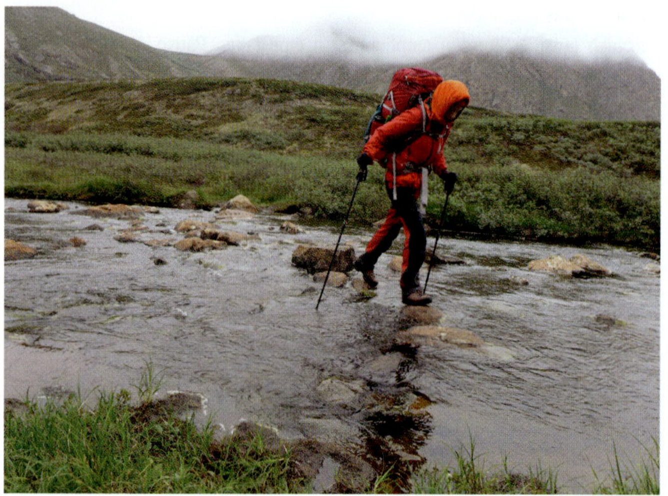

Als Daumenregel für das Durchwaten gilt, dass das Wasser Knietiefe nicht übersteigen sollte.

Nach starkem Regen fällt der Wasserpegel in der Regel wieder nach 24 Stunden auf Normaltiefe. Gletscherflüsse haben frühmorgens den niedrigsten Wasserstand, da dann die Sonne das Eis auf den Bergen noch nicht zum Schmelzen gebracht hat.

☺ Ein Wanderstock ist beim Waten sehr sinnvoll, da Sie mit seiner Hilfe die Bodenbeschaffenheit überprüfen können. Zudem gibt der Wanderstock Ihnen zusätzliche Stabilität. Beim Waten sollten Sie den Stock schräg gegen die Strömung stellen und sich vorsichtig und in aller Ruhe fortbewegen.

☺ Visieren Sie beim Gehen das gegenüberliegende Ufer an, denn wenn Sie zu lange in die Strömung blicken, verschwimmt Ihr Blickfeld, und Sie können schnell das Gleichgewicht verlieren.

✋ Beim Waten sollte der Hüftgurt des Rucksacks unbedingt geöffnet bleiben, damit Sie den Rucksack im Falle eines Sturzes schnell abstreifen können und dieser Sie nicht unter Wasser zieht.

✋ Vermeiden Sie das barfüßige Waten. Sie haben nicht nur weniger Halt als z.B. mit Wassersandalen (☞ Reise-Infos von A bis Z, Ausrüstung), sondern riskieren auch unnötige Schnitt- und Schürfverletzungen an den Füßen, die im ungünstigen Fall das Fortsetzen der Wanderung gefährden können.

Wegvarianten

Wer sich mit dem Arctic Circle Trail beschäftigt, wird sich unweigerlich die Frage stellen, ob er den Hauptweg (auf der Karte als Polar Route bezeichnet) oder die südlichere Variante am Fjord entlang wandert. Letztere ist weglos und unmarkiert.

Dass Sie in diesem Reiseführer die Hauptroute beschrieben finden, hängt im Wesentlichen mit zwei Gründen zusammen. Zum einen wird die Hauptroute von den Tourismusbüros sowohl in Sisimiut als auch in Kangerlussuaq empfohlen, da man versucht, die wachsende Zahl der Wanderer ein wenig zu lenken. Dies liegt darin begründet, dass man bemüht ist, die Einwirkungen auf die Natur, die selbst durch vorsichtiges Wandern entstehen, nicht überhand nehmen zu lassen und auf ein Gebiet zu begrenzen. Zudem sollen durch die Etablierung eines einzigen Hauptweges die Einwirkungen der Wanderer auf die wild lebenden Tiere und damit unmittelbar verbunden auf die Jagd- und Lebensbedingungen der Einheimischen reduziert werden. Nicht selten stören Wanderer, zum Teil aus Unkenntnis, die Einheimischen bei der Ausübung Ihres Berufs (Jagd/Fischerei).

Zum anderen stellt der Hauptweg zweifellos die sicherere Wegvariante dar. Dies hängt nicht nur mit den Steinmännchen und den vorhandenen Trampelpfaden zusammen, die eine Orientierung erleichtern, sondern auch mit dem zu begehenden Gelände. Insbesondere einige Teilstücke der südlicheren Variante des Weges, die direkt am Fjord (Imertuninnguaq/Amerloq) verlaufen, sind nicht nur strapaziös, sondern stellenweise extrem steil bis nicht passierbar. Nicht nur bei schlechtem Wetter und feuchtem Untergrund können Sie hier in ausweglose und lebensgefährliche Situationen geraten!

Darüber hinaus ist es nicht zutreffend, dass die südlichere Variante (wie gelegentlich zu lesen ist) die landschaftlich attraktivere sein soll. Ganz im Gegenteil kann man sagen, dass insbesondere das Flusstal nördlich des Nerumaq mit dem malerischen Fluss und den zahlreichen Pflanzen und Tieren, die man dort in Ruhe beobachten kann, einen Höhepunkt des **Arctic Circle Trails** darstellt.

Von unserer Seite sei somit die ganz eindeutige Bitte an Sie weitergegeben: Bitte respektieren Sie die Anliegen der einheimischen Bevölkerung und bringen Sie sich selbst nicht unnötig in Gefahr. Wählen Sie daher den markierten und in der Karte als Polar Route bezeichneten Hauptweg. Noch immer ist der **Arctic Circle Trail** so einsam, dass Sie selbst auf der Hauptroute und in der Hauptsaison (wenn man davon überhaupt sprechen kann) kaum jemandem begegnen werden. Ihr Erlebnis der Einsamkeit in dieser großartigen Landschaft wird durch die Wahl der **Polar Route** in keiner Weise geschmälert, und Sie tragen somit zur Erhaltung dieser einmaligen arktischen Tundralandschaft bei.

Wetter/Klima

In Grönland finden Sie ein arktisches Klima vor. Das bedeutet, dass die Durchschnittstemperatur selbst im Sommer 10°C (mit Ausnahme von Kangerlussuaq) nicht übersteigt und die Jahrestemperatur im Durchschnitt um 0°C oder darunter liegt.

Der Sommer ist kurz (☞ Reisezeit), die Zwischenjahreszeiten Frühjahr und Herbst sind quasi nicht vorhanden.

Da Kangerlussuaq weit im Landesinneren liegt, ist es durch ein typisch kontinentales Klima geprägt. Dies zeichnet sich durch sehr warme Sommer mit Temperaturen bis zu 20°C und auf der anderen Seite durch extrem kalte

Winter mit Temperaturen bis zu -50°C aus. Aufgrund der niedrigen Luftfeuchtigkeit werden Sie die kalten Temperaturen aber subjektiv als wärmer empfinden.

Je weiter Sie sich von Kangerlussuaq aus auf dem Trail nach Sisimiut bewegen, desto wahrscheinlicher wird ein feuchteres Klima mit höheren Niederschlagswerten.

Durchschnittliche Temperatur in Kangerlussuaq (2013)

Jan	Feb	März	Apr	Mai	Juni	Juli	Aug	Sep	Okt	Nov	Dez
-17,2	-16,2	-16,5	-8,2	2,3	7,6	9,4	7,8	2,3	-4,8	-10,6	-16,3

Niederschlagsmenge (in mm) in Kangerlussuaq (2013)

Jan	Feb	März	April	Mai	Juni	Juli	Aug	Sep	Okt	Nov	Dez
15	14	13	10	14	22	30	28	30	29	22	16

Auf 💻 www.wetter.com finden Sie die kostenlose Welt-Klimadatenbank für die unterschiedlichsten Geräte und Betriebssysteme. Hier sind alle relevanten Klimadaten für jeden Monat aufgeführt. Grönland ist mit allen wichtigen Orten vertreten.

Weitere typische Wetterphänomene für die arktischen Regionen sind die **Mitternachtssonne** und die **Polarnacht**. **Mitternachtssonne** bedeutet, dass die Sonne auch nachts über dem Horizont gesehen werden kann. Dieses Phänomen können Sie in der Region um Kangerlussuaq wegen der Sie umgebenden Berge jedoch nicht beobachten. Dennoch sind in den Monaten Mai, Juni und Juli die Nächte so hell, dass Sie problemlos in dieser Zeit auch nachts wandern können und nicht mehr vom Tageslicht abhängig sind.

📷 Zudem bieten sich die Nächte für fantastische Fotos an, da die tief stehende Sonne ein weiches Licht produziert, das die Schönheit der arktischen Region besonders betont.

Der Gegenspieler der **Mitternachtssonne** ist die **Polarnacht**. Dies bedeutet, dass die Sonne weder tags noch nachts zu sehen ist und die Tage dunkel bleiben. In der Region um Kangerlussuaq verschwindet die Sonne hinter dem Horizont am 22. November und taucht nach zwei Monaten Abwesenheit am 22. Januar plötzlich wieder auf.

Generell ist zu beachten, dass sich das Wetter in Grönland schnell ändern kann. Innerhalb kürzester Zeit kann Nebel aufziehen, der es unmöglich macht, dass Sie weiterwandern. Ebenso können Stürme unvermittelt auftreten, die es erfordern, dass Sie sich eine Notunterkunft oder einen Wetterschutz suchen. Beobachten Sie die Wolken, den Wind und die Entwicklung des Luftdrucks genau.

📖 **Wetter**, Basiswissen für draußen, OutdoorHandbuch Band 13, Conrad Stein Verlag, M. Hodgson & M. Schrader, ISBN 978-3-86686-013-1, € 7,90 [D]

Zeitverschiebung

Die Zeitverschiebung zur MEZ (die in Deutschland gilt) beträgt an der gesamten Westküste Grönlands mit Ausnahme von Thule (im Nordwesten) minus vier Stunden.

Zoll

Bei Ihrer Anreise sowohl von Deutschland als auch von Dänemark aus gelten die international üblichen Einfuhrbestimmungen.

Alle Waren für den persönlichen Gebrauch während des Urlaubs können Sie aus Deutschland zollfrei einführen. Eine mengenmäßige Begrenzung besteht lediglich bei hochprozentigem Alkohol (über 22 %) und bei Tabak. Da Grönland zollrechtlich nicht zur EU gehört, gelten hier die Bestimmung für die Einreise aus Nicht-EU-Staaten. Jede Person ab 18 Jahren darf demnach maximal einführen:

200 Zigaretten oder 100 Zigarillos oder 50 Zigarren oder 250 g Tabak oder eine anteilige Zusammenstellung der Güter. Bei Alkohol ist die Einfuhr von 1 Liter Spirituosen (über 22 %), 2 Liter Alkohol bis 22 %, 4 Liter nicht schäumende Weine und 16 Liter Bier erlaubt.

Der Arctic Circle Trail in 11 Etappen

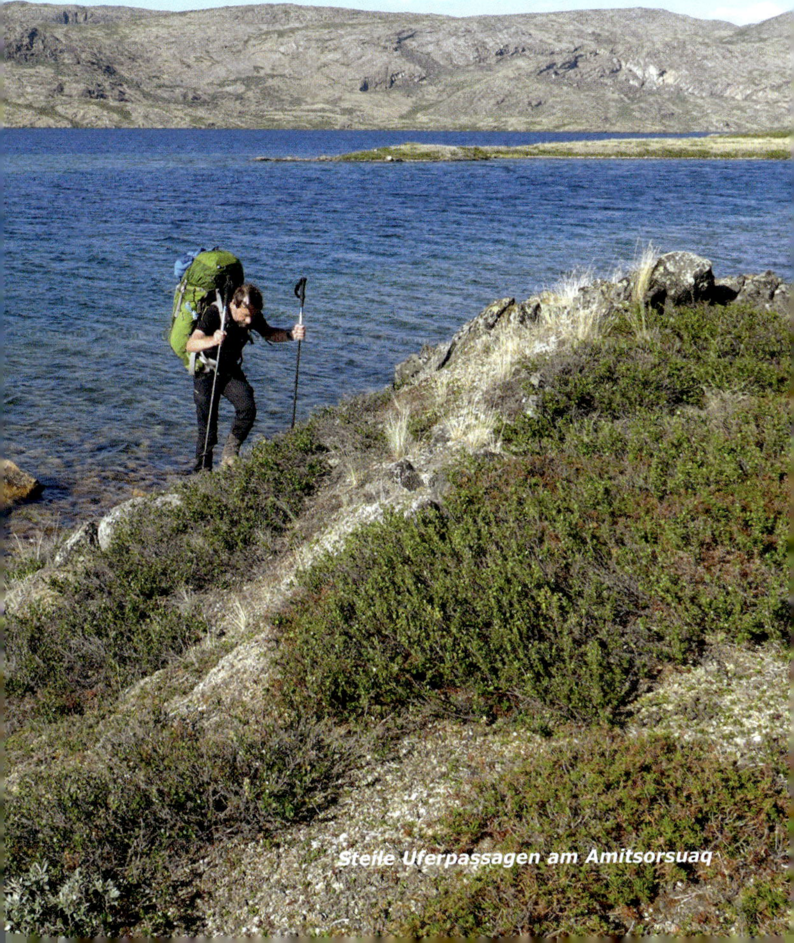

Steile Uferpassagen am Amitsorsuaq

Höhenprofil des Arctic-Circle-Trail Gesamtübersicht

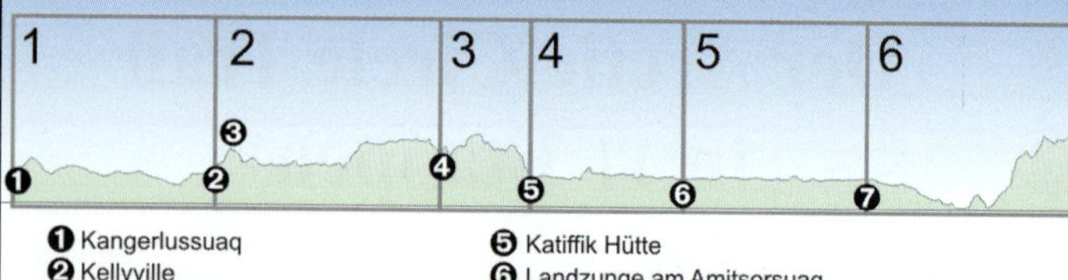

❶ Kangerlussuaq
❷ Kellyville
❸ Ausgangspunkt ACT
❹ Bachüberquerung
❺ Katiffik Hütte
❻ Landzunge am Amitsorsuaq
❼ Abfluss des Amitsorsuaq am Westufer
❽ Ikkatooq Hütte

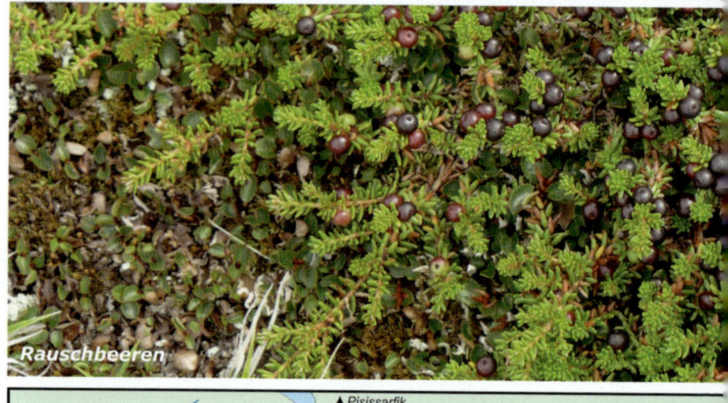
Rauschbeeren

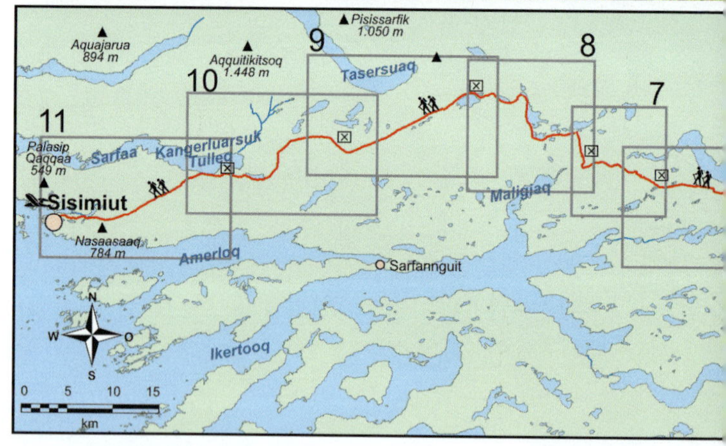

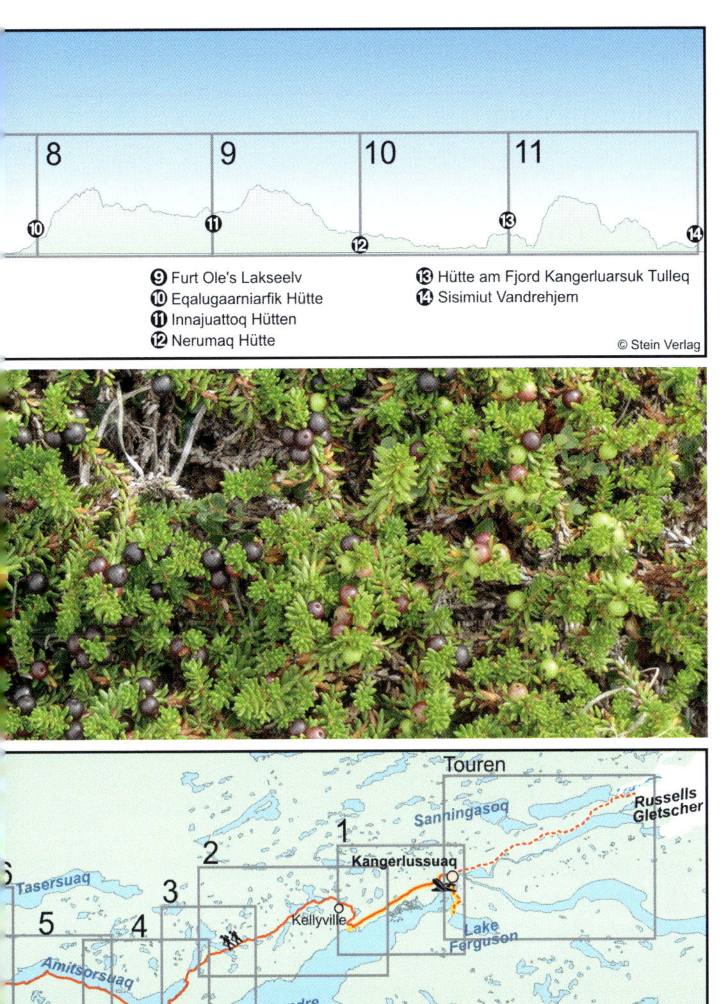

8
9
10
11
⑩
⑪
⑫
⑬
⑭
⑨ Furt Ole's Lakseelv
⑩ Eqalugaarniarfik Hütte
⑪ Innajuattoq Hütten
⑫ Nerumaq Hütte
⑬ Hütte am Fjord Kangerluarsuk Tulleq
⑭ Sisimiut Vandrehjem
© Stein Verlag
Touren
Russells Gletscher
Sanningasoq
1
Kangerlussuaq
2
3
4
5
Tasersuaq
Kellyville
Lake Ferguson
Amitsorsuaq
Søndre Strømfjord
STEPMAP © Stepmap. 123map Daten: OpenStreetMap. ; ODbL

Kangerlussuaq

In Kangerlussuaq betreten etwa 90 % aller Grönlandreisenden erstmals grönländischen Boden, wenn auch häufig nur, um von hier in eine der Küstenstädte weiterzufliegen.

Kangerlussuaq, übersetzt der „lange Fjord“, dänisch **Søndre Strømfjord,** liegt etwa 60 km nördlich des Polarkreises am Ende des gleichnamigen Fjords an der Mündung des Watson River, der vom Inlandeis kommt. Der Fjord ist mit seinen 170 km Länge nach Nørdre Strømfjord der zweitlängste Fjord Westgrönlands.

Wenn Sie glauben, hier bereits einen ersten Eindruck vom grönländischen Leben erhaschen zu können, werden Sie enttäuscht. Sie werden vergebens nach den so typischen bunten Holzhäusern suchen. Stattdessen werden Sie fast ausschließlich hässliche Betonblöcke und alte Militärbaracken entdecken, die bezeichnenderweise auch noch „Blok“ heißen. Lediglich der Anflug auf den **Flughafen** vermittelt bei guter Sicht einen anderen, überwältigenden Eindruck, eben Natur pur. Das Inlandeis ist gerade einmal 25 km entfernt und in der Umgebung von Kangerlussuaq finden Sie eine vielseitige Flora und Fauna. Das Leben der etwa 700 Menschen, die in Kangerlussuaq wohnen, wird vom Flughafen und den daran angeschlossenen Einrichtungen wie dem Flughafenhotel bestimmt. Hier sind die meisten Menschen beschäftigt.

Im Grunde lässt sich Kangerlussuaq in zwei Bereiche aufteilen. Der Teil nördlich der Landebahn wird dominiert vom Flughafengebäude, in dem sich auch das Transithotel befindet. Außerdem sind hier einige Lagerhallen, der Supermarkt, der Campingplatz, ein großer Wohnblock sowie das „Old Camp“, die Jugendherberge Kangerlussuaqs, angesiedelt.

Südlich der Landebahn wird das Bild von den ehemaligen militärischen Einrichtungen bestimmt. Hier findet man auch das empfehlenswerte Youth Hostel Vandrehjem, dessen Pendant man auch in Sisimiut schätzen lernt, einige von den Amerikanern zurückgelassene Freizeiteinrichtungen, etwa eine Bowlingbahn, das Museum, in dem die Geschichte des Flughafens geschildert wird, die Kirche, das Polar Bear Inn und das Reindeer Inn. Jenseits des Watson River führt eine Straße zum Lake Ferguson. Außerdem befindet sich in Kangerlussuaq der nördlichste 18-Loch-Golfplatz der Welt. Ihn finden Sie, wenn Sie der Straße zum Inlandeis folgen.

Bitte beachten Sie, dass es in Kangerlussuaq keinen Arzt gibt. Bei Bedarf, bitten Sie einfach an der Rezeption des Hotel Kangerlussuaq oder den jeweiligen Ansprechpartnern Ihrer Unterkunft, den nächsten „Doctor on call" zu holen.

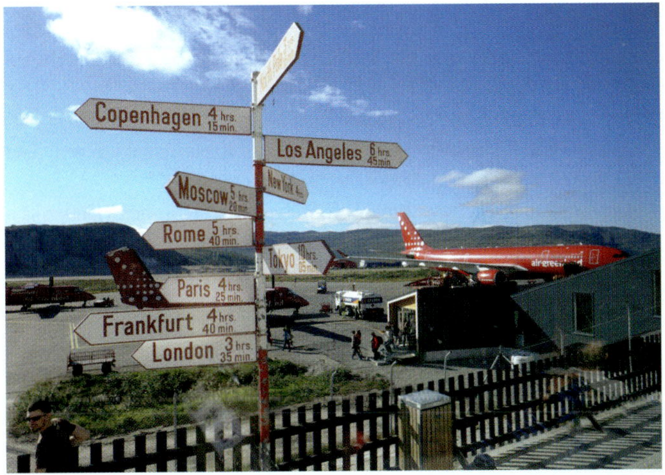

Flughafen Kangerlussuaq

Die Geschichte des Flughafens

Genau ein Jahr nach der Besetzung Dänemarks durch die Deutschen am 9. April 1940 trafen **Henrik Kauffmann**, der dänische Botschafter in Washington, und die Amerikaner eine Vereinbarung. Die Amerikaner übernahmen die Verteidigung Grönlands. Im Gegenzug wurde den Amerikanern erlaubt, Militärbasen in Grönland zu errichten.

Die erste Militärbasis war „**Bluie West One**" in Narsarsuaq, das heute ebenfalls als internationaler Flughafen Grönlands genutzt wird.

Aufgrund des stabilen Wetters in der Region Kangerlussuaq gründeten die Amerikaner die Airbase „Bluie West 8". Am 9. Oktober 1941 erreichten die ersten Amerikaner die noch unbewohnte und unerschlossene Region Kangerlussuaq. Am 7. März 1942 landete dann das erste Flugzeug auf der zunächst 1,8 km langen Landebahn, die mittlerweile 3 km lang ist.

Der Stützpunkt, der binnen kürzester Zeit aus dem Boden gestampft wurde und dessen Überbleibsel teilweise noch heute das Bild Kangerlussuaqs bestimmen, beherbergte zeitweise bis zu 1.400 Soldaten.

Nach Kriegsende wurde die Airbase nicht aufgegeben. Von hier aus wurden die vier grönländischen Radarstationen des „Distant Early Warning Systems" versorgt, und Kangerlussuaq diente als Schutzposten im Kalten Krieg. Bereits 1954 wurde der Flughafen vom dänischen Staat unterhalten und für den zivilen Luftverkehr geöffnet.

Erst nach der Öffnung der Sowjetunion und der damit verbundenen Entspannung im Ost-West-Verhältnis wurde der Stützpunkt aufgegeben, und 1992 verließen die letzten Amerikaner Kangerlussuaq.

Die Errichtung der **amerikanischen Stützpunkte** lag in den Händen von Colonel Bernt Balchen, einem norwegisch-amerikanischen Piloten. Er sah als einziger die Möglichkeit, in Grönland geeignete Orte für Luftwaffenstützpunkte zu finden. Zusammen mit **Professor H. Hobbs** wurde er zur treibenden Kraft in Bezug auf die Errichtung militärischer Stützpunkte in Grönland.

Hobbs war Wissenschaftler, der sich mit dem polaren Wetter beschäftigte. Er hielt sich bereits in den 20er-Jahren in der Umgebung von Kangerlussuaq auf und errichtete 1928 eine kleine **Wetterstation** auf dem **Mount Evans** westlich des Hafens. Er untersuchte unter anderem Winde in Grönland im Hinblick auf die Möglichkeit, Grönland als Zwischenstation für Interkontinentalflüge zwischen Amerika und Europa zu nutzen.

Neben dem **Mount Evans**, den Hobbs nach einem Freund benannte und der seinen Namen noch heute trägt, sind viele Namen aus dieser Zeit geblieben, etwa **Mount Hassel**, **Lake Ferguson**, **Black Ridge** und **Watson River**.

Die zivile Nutzung des Flughafens begann am 16. November 1954, als die „Polar Route", der Flug von Kopenhagen nach Los Angeles über Kangerlussuaq und Winnipeg in Kanada, in Betrieb genommen wurde. Als die Entwicklung im Flugzeugbau den Zwischenstopp Kangerlussuaq für Interkontinentalflüge überflüssig machte, hatte sich der Flughafen dennoch bewährt und wurde fortan für Flüge von und nach Kopenhagen genutzt.

Übernachtungsmöglichkeiten

Direkt im Flughafengebäude befindet sich das **Hotel Kangerlussuaq**. Es hat den Status eines 3-Sterne-Hotels und ist dementsprechend teuer.

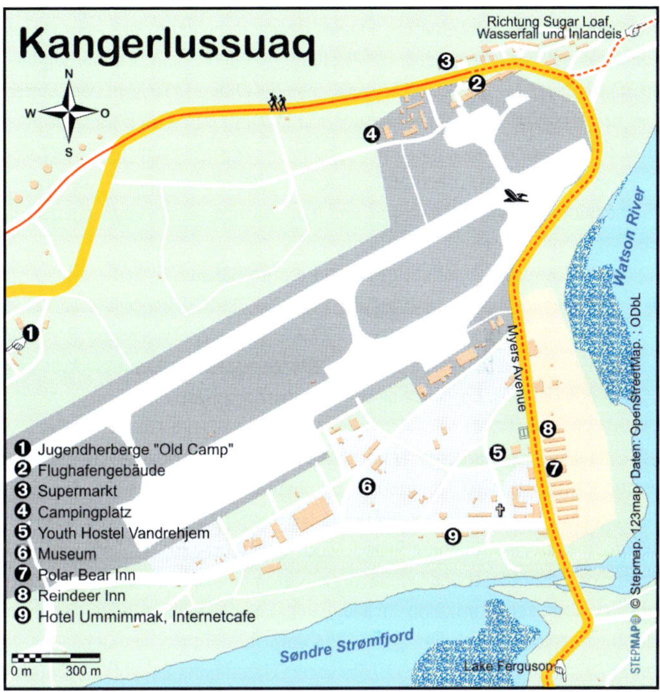

♦ **Hotel Kangerlussuaq**, PO Box 1006, DK-3910 Kangerlussuaq, ☏ 84 11 80, FAX 84 12 84, 💻 www.hotelkangerlussuaq.gl, 💻 kangbook@mit.gl, Einzelzimmer mit Dusche/WC DKK 1.325, Doppelzimmer mit Dusche/WC DKK 1.595, Familienzimmer mit 6 Betten DKK 3.495, Tageseinzelzimmer von 12:00 bis 18:00 DKK 895.

Eine preisgünstige und zugleich gut ausgestattete und saubere Übernachtungsmöglichkeit bietet das **Kangerlussuaq Vandrehjem**. Das Hostel bietet 7 Doppelzimmer mit Doppelstockbetten, 1 Zimmer mit Doppelstockbetten für 4 Personen und 3 Doppelzimmer mit normalem Bett, Schreibtisch und mehr Platz. Die große Küche ist mit Wasserkochern, 2 großen Kühlschränken, Geschirr und allem, was die Gäste zurücklassen (Tee, Nudeln,

Reis, Müsli ...), ausgestattet. Direkt daneben befindet sich ein kleiner Gemeinschaftsraum mit mehreren Tischgruppen und einem Schreibtisch inkl. PC mit Internetzugang (den PIN erhält man für DKK 25/30 Min. vom Betreiber des Hostels). Gegen eine Gebühr von DKK 40 darf man Waschmaschine und Trockner nutzen.

Das Vandrehjem organisiert zudem einige interessante Exkursionen, Schneemobiltouren, Bootstouren und Fishing-Trips zu angemessenen Preisen.

Bezahlt wird bei Ankunft in bar oder mit Kreditkarte.

- **Kangerlussuaq Vandrehjem**, PO Box 1756, DK-3910 Kangerlussuaq, ☎ 58 98 97 (erreichbar von 12:00 bis 20:00), ✉ kangvandh@greennet.gl, Preise pro Person ohne Leihgebühr für Kissen, Decke und Leintuch: Doppelstockbett-Zimmer DKK 175, Doppelzimmer mit Doppelbett und Wäsche DKK 550.

Die **Jugendherberge „Old Camp"** wird von **World of Greenland - Arctic Circle (WOGAC)** betrieben. Sie liegt etwa 2 km westlich des Flughafengebäudes. Sie erreichen sie, wenn Sie der Straße vor dem Flughafengebäude in westlicher Richtung folgen. Zudem bietet die Jugendherberge einen kostenlosen **Shuttleservice** an. Sie organisieren ihn, indem Sie sich entweder bei der Touristeninformation im Flughafengebäude melden oder direkt bei der Jugendherberge anrufen. Das **„Old Camp"** besteht aus vier Gebäuden. In drei Gebäuden finden bis zu 90 Personen Unterkunft. Es gibt 37 Doppelzimmer und Schlafräume mit jeweils einem Etagenbett. Im vierten Gebäude befinden sich das Büro, ein Souvenirshop sowie Materialräume.

Sie haben die Möglichkeit zu kochen, es gibt einen Aufenthaltsraum mit Fernseher, Stereoanlage und Videorekorder. Die Preise enthalten den Transfer vom und zum Flughafen sowie Bettwäsche und Frühstück.

Es gibt keine Ermäßigung für Mitglieder des Jugendherbergswerks.

- **Jugendherberge „Old Camp"**, c/o World of Greenland - Arctic Circle, PO Box 1009, DK-3910 Kangerlussuaq, ☎ 84 16 48, FAX 84 16 19, ✉ info@wogac.com, 💻 http://wogac.com/accommodation/old-camp, Preise für die Übernachtung: Schlafraum p. P. DKK 375, Einzelzimmer DKK 645, Doppelzimmer DKK 855

Eine weitere Übernachtungsmöglichkeit bietet die 2006 komplett sanierte **Polar Lodge**, 100 m vom Flughafen entfernt. Die Herberge ist mit 13 Doppelzimmern und 2 Einzelzimmern ausgestattet. Bad/WC und Gemeinschaftsräume wie Küche und Esszimmer sind großzügig gestaltet und komplett ausgestattet. Direkt neben der Polar Lodge befindet sich ein weiterer Souvenirshop.

♦ „**Polar Lodge**" c/o World of Greenland - Arctic Circle, PO Box 1009, DK-3910 Kangerlussuaq, ☏ 84 16 48, FAX 84 16 19, info@wogac.com, wogac.com/accommodation/polar-lodge, Preise für die Übernachtung inkl. Frühstück: Einzelzimmer DKK 775, Doppelzimmer DKK 985.

Der Campingplatz in Kangerlussuaq liegt etwa 50 m neben der Start- und Landebahn. Sie finden ihn, wenn Sie das Flughafengebäude verlassen und über die Holzplanken direkt am Zaun neben dem Flughafengelände entlanggehen, bis Sie zum Gebäude der Flughafenverwaltung gelangen. Dieses lassen sie links liegen und folgen dem Weg vorbei an Lagerhallen und erreichen schließlich den Campingplatz, an dessen Rand ein kleines blaues Gebäude steht, in dem sich einige Waschgelegenheiten und ein Aufenthaltsraum befinden.

Der Campingplatz ist an das Hotel Kangerlussuaq angeschlossen. Die Übernachtungskosten liegen bei DKK 25 pro Person.

Essen und Trinken

Im Flughafengebäude befindet sich eine **Cafeteria**, die eigentlich zum Hotel gehört, aber allen zugänglich ist. Hier bekommen Sie täglich zwischen 6:30 und 21:30 Kaffee, Kuchen und zudem warme Mahlzeiten.

Sollten Sie im Rahmen eines Tagesausflugs ein Lunchpaket benötigen, können Sie dieses am Vortag bis 16:00 an der Rezeption des Hotel Kangerlussuaq bestellen.

Neben der Cafeteria können Sie auch noch im teuren, aber guten **Hotelrestaurant** essen. Die Weinkarte bietet eine vielfältige Auswahl an internationalen Weinen. Mo-So, 6:00 bis 24:00. Die Tischreservierung erfolgt an der Rezeption des Hotels.

Vom 1. Februar bis zum 30. November hat das Restaurant **Roklubben**, etwa 5 km von Kangerlussuaq entfernt, am Ufer des Lake Ferguson geöffnet. Über World of Greenland im **Souvenirshop** im Flughafengebäude kann ein Tisch reserviert und die Anfahrt via Shuttle organisiert werden. Sonntags wird ein umfangreiches und viel gelobtes grönländisches Buffet mit über 30 verschiedenen nationalen Speisen serviert. Die Anmeldung zum Buffet sollte 1 Tag im Voraus erfolgen, der Preis liegt bei ca. DKK 330. ☏ 52 45 26

Internet

Im Flughafengebäude sowie im Hotel Kangerlussuaq haben sie Zugriff auf das TELEPOINT W-LAN Network. Die Abrechnung und Einsicht der Preise erfolgt entsprechend online. Wir empfehlen, den Zugangscode aufzuschreiben. Bei Problemen gilt es, die TELE Greeland zu kontaktieren: ☏ 80 80 80.

Im Hotel Umimmak südlich der Landebahn befindet sich ein Internetcafe, Mo-Fr 17:00-23:00, Sa-So 15:00-23:00

Einkaufen

Gegenüber dem Flughafengebäude befindet sich der **Supermarkt** Pilersuisoq. Er hat sieben Tage die Woche geöffnet. Hier erhalten Sie von frischem Obst und Gemüse über Getränke, Süßigkeiten und Munition alles. Dennoch sollten Sie die Verpflegung für die Tour mitbringen.

Im **Supermarkt** bekommen Sie außerdem Spiritus *(husholdsspirit)* sowie Reinbenzin *(rense bensin)* für Kocher. Auch Mückenmittel ist in sämtlichen Varianten erhältlich.

☺ Südlich der Landebahn gibt es auch noch einen kleinen **Kiosk**, in dem Sie das Nötigste einkaufen können. Er ist ebenfalls täglich geöffnet.

Souvenirs von T-Shirts bis hin zu traditionellem grönländischem Schmuck bekommen Sie im Souvenirshop im Flughafengebäude und in den Shops im Flughafengebäude und im „Old Camp“. Achten Sie beim Kauf bestimmter Produkte auf den **CITES-Nachweis** (☞ Reise-Infos von A bis Z: CITES-Nachweis).

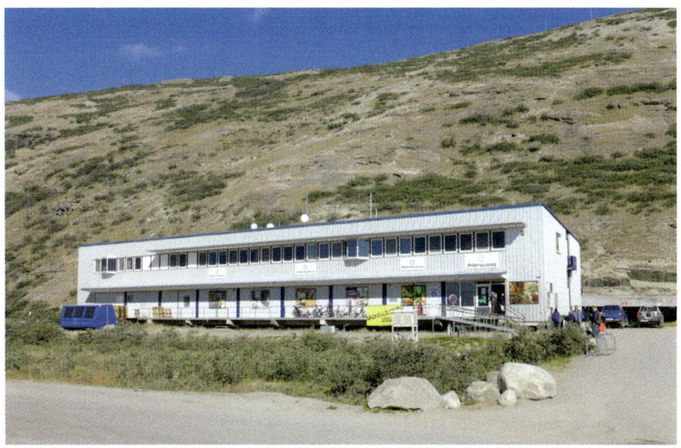

Supermarkt in Kangerlussuaq

Etwas außerhalb des Geländes des Flughafens in Richtung Polizei gibt es eine Tankstelle. Hier erhalten Sie ebenfalls Benzin für Kocher.

Vergessen Sie Ihre Brennstoffflaschen nicht!

Allerdings wird der Zugang zur Tankstelle durch ein großes Tor versperrt. Es genügt aber ein Anruf bei der Tankstelle, und Sie werden von einem der Angestellten am Tor abgeholt.

♦ Statoil, 84 10 49, nur bis 16:00, statoil@greennet.gl

An der „**Polar Lodge**" und dem „**Old Camp**" können von Mai bis September **Mountainbikes** geliehen werden. Die Leihgebühr beträgt pro Tag etwa DKK 100. Die Fahrräder sind in einem ordentlichen Zustand. Aufgrund der verhältnismäßig guten Infrastruktur können Sie die Umgebung Kangerlussuaqs somit auch „radelnd" entdecken. Wir möchten allerdings darauf hinweisen, dass die Schotterstraße teilweise sehr schlecht befahrbar ist und das Terrain hügelig und anstrengend ist. Für die Tour sollte ein ganzer Tag eingeplant und der eigene Trainingsstand realistisch eingeschätzt werden.

Information

Die Touristeninformation wird seit 2010, nach der Übernahme der Kangerlussuaq Tourism A/S, von World of Greenland-Arctic Circle betrieben. Es gibt einen Schalter im Flughafengebäude sowie den Souvenirshop im Eingangsbereich des Flughafens. Hier erhalten Sie alle erdenklichen Informationen. Da World of Greenland auch das „Old Camp" und die „Polar Lodge" betreibt, bekommen Sie auch dort die benötigten Informationen.

♦ World of Greenland - Arctic Circle, PO 1009, DK-3910 Kangerlussuaq, ☏ 84 16 48, FAX 84 16 19, ✉ info@wogac.com, 💻 www.greenland-guide.gl/kangerlussuaqtourism, 💻 wogac.com

Aktivitäten in und um Kangerlussuaq

⌘ Südlich der Landebahn befindet sich ein **Museum**, in dem insbesondere die Geschichte des Flughafens dargestellt wird.

Museum: Nur im Sommer von Mai bis September geöffnet, im Winter auf Anfrage. Der Eintritt beträgt DKK 35.

So unattraktiv Kangerlussuaq selbst auch sein mag, vor allem die nähere Umgebung lädt zu sehr schönen Tageswanderungen ein. Allerdings laufen Sie entweder über Schotterpisten oder durch wegloses Gelände. Demzufolge haben die Wanderungen unterschiedliche Schwierigkeitsgrade. Daneben gibt es einige Freizeiteinrichtungen, die noch aus der Zeit der Amerikaner stammen und nun der Öffentlichkeit zur Verfügung stehen, etwa eine Bowlingbahn.

Wenn Sie keine Lust haben, selbst weitere Touren zu organisieren, oder Lust auf etwas Ausgefalleneres wie eine Moschusochsensafari haben, dann sind Sie bei World of Greenland - Arctic Circle (WOGAC) an der richtigen Adresse. WOGAC bietet zahlreiche Aktivitäten an. Das Programm bekommen Sie entweder direkt bei WOGAC im Flughafengebäude, oder Sie informieren sich vorab über das Internet (☞ Information).

Wandermöglichkeiten

Lake Ferguson

Südlich von Kangerlussuaq liegt der Lake Ferguson mit dem Ruderklub und einigen Jagdhütten am Ufer. Diese einfache Tageswanderung führt Sie in etwa

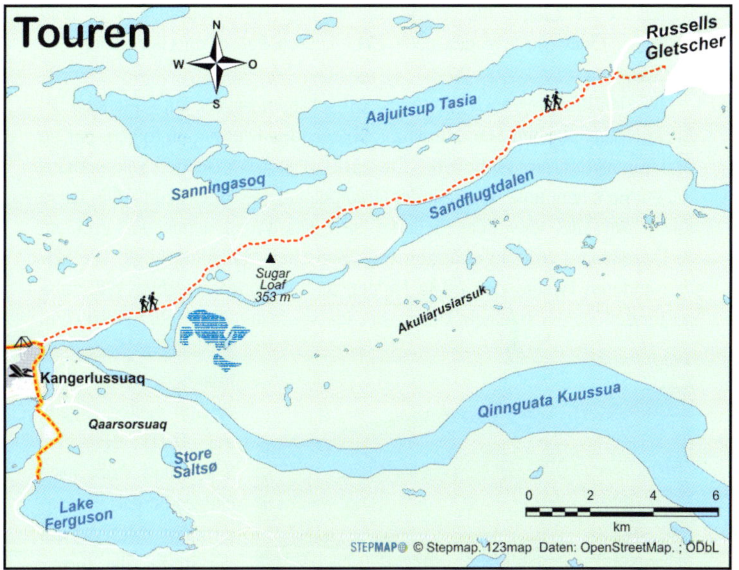

3 Stunden zum Ufer des Sees, vorbei an einem Flugzeugwrack eines 1968 abgestürzten Militärflugzeugs am Ufer des Lille Saltsø und zurück nach Kangerlussuaq.

Der Weg führt vom Campingplatz vorbei am Flughafenhotel. Sie folgen der Straße in den südlich der Landebahn gelegenen Teil Kangerlussuaqs, vorbei am geschlossenen Hotel **Reindeer Inn** und der Sporthalle sowie über die Brücke, die über den **Watson River** führt. Kurz nach der Brücke gabelt sich die Straße. Sie halten sich rechts und folgen der leicht bergauf führenden Straße vorbei an einer Radarstation und der „Müllverbrennungsanlage" Kangerlussuaqs. Hier kann es durchaus passieren, dass Sie bereits ersten **Moschusochsen** begegnen. Der Straße immer weiter folgend, gelangen Sie nach 1 guten Stunde Gehzeit an das Ufer des Lake Ferguson.

Hier haben Sie nun verschiedene Möglichkeiten. Sie können weiterhin der Straße vorbei an den Jagdhütten am Ufer entlang folgen. Mit etwas Glück sehen Sie einige **Rentiere**, **Schneehasen** oder **Moschusochsen**. Vielleicht treffen Sie auch Jäger, die gerade von der Jagd zurückkehren und ihr Wild zerlegen. Oder Sie schlagen nach einer kurzen Pause am Ufer gleich den Rückweg ein.

Für den Rückweg nach Kangerlussuaq schlagen wir vor, am Ruderklub bei Blickrichtung auf den See dem links abbiegenden Feldweg zu folgen, der an drei Sommerhäusern vorbeiführt. Etwa 100 m nach dem letzten Sommerhaus folgen Sie einem links abbiegenden Trampelpfad, der direkt zum Lille Saltsø führt. Am Ufer des Sees befindet sich das Wrack eines der drei am 8. Dezember 1968 abgestürzten amerikanischen Militärflugzeuge. Die beiden anderen Wracks der T-33a Fighter, die aufgrund schlechter Witterung abstürzten, liegen an einem kleinen See im Nordosten des Mount Hassel und auf halbem Wege zum Inlandeis. Der Weg verläuft weiter entlang des Ufers des Lille Saltsø und stößt nach einigen bergab zu wandernden Metern auf die Straße, die zurück nach Kangerlussuaq führt.

Wildblumen

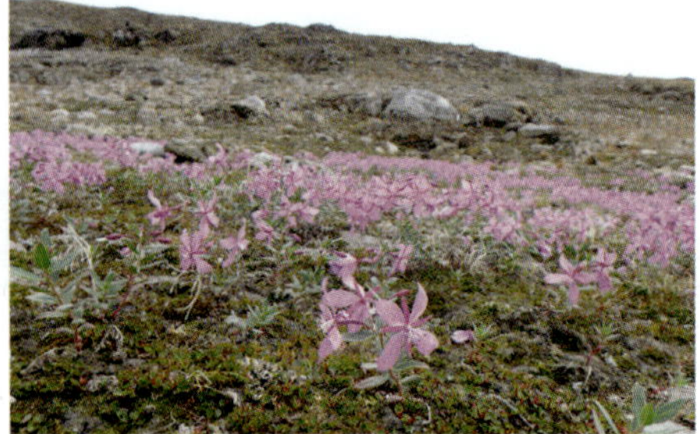

Sugar Loaf

Der Sugar Loaf, zu Deutsch Zuckerhut, liegt etwa 6 km östlich von Kangerlussuaq. Sie erreichen ihn in etwa 1 ½-2 Stunden reiner Gehzeit, indem Sie der zum Inlandeis führenden Straße folgen. Vom Gipfel des Sugar Loaf haben Sie bei gutem Wetter und guter Sicht einen überwältigenden Blick auf das Inlandeis, den Fjord und das Umland Kangerlussuaqs.

Ausgehend vom Campingplatz folgen Sie der Straße vorbei am Flughafenhotel. Kurz vor dem Ende der Landebahn ist eine Kreuzung, an der die Straße zum Inlandeis abbiegt. Der Weg Richtung Inlandeis, Wasserfall und Sugar Loaf ist ausgeschildert. Sie folgen also der Straße in Richtung Inlandeis. Nach einiger Zeit erblicken Sie den nicht zu verkennenden Sugar Loaf. Die Wanderung entlang der Straße, die auch am nördlichsten 18-Loch-Golfplatz der

Welt vorbeiführt, ist etwas monoton. Haben Sie den Fuß des Sugar Loaf erreicht, gilt es aber, noch einmal alle Kräfte zu mobilisieren. Der Weg führt jetzt nämlich in Form eines Trampelpfads steil bergauf in Richtung Gipfel. Sie müssen etwa 280 Höhenmeter bewältigen, bis Sie durch ein einzigartiges Panorama belohnt werden. Am Gipfel des Sugar Loaf befinden sich noch eine alte Hütte und ein Sendemast aus der Zeit der Amerikaner. Der Rückweg entspricht dem Hinweg.

Varianten: Die Wanderung zum Sugar Loaf können Sie verbinden mit einer Wanderung zum Wasserfall, den der **Watson River** bildet. Der vom Inlandeis kommende Schmelzwasserfluss fließt durch das „Sandflugtsdalen", an dessen Ende er schmaler wird und schließlich einen 10 Meter hohen Wasserfall bildet. Die enge Schlucht und die großen Wassermassen während der Sommermonate machen den Wasserfall zu einem spektakulären Erlebnis.

Zum Wasserfall gelangen Sie, wenn Sie am Fuße des Sugar Loaf weiterhin der Straße Richtung Inlandeis folgen. Hinter dem Sugar Loaf führt ein Pfad rechts hin zum Flussbett. Dem Pfad folgen Sie so weit wie möglich in diese Richtung. Anschließend folgen Sie Tierpfaden zum Wasserfall. Dabei ist jedoch Vorsicht geboten, da ein Fehltritt einen Sturz von 20-30 m zur Folge haben kann. Die Wanderung vom Fuße des Sugar Loaf bis zum Wasserfall dauert etwa noch einmal 1 Stunde.

Schließlich besteht noch die Möglichkeit, bis an den Rand des Inlandeises zu wandern. Sie folgen dazu nur der Straße. Von Kangerlussuaq bis zum Inlandeis müssen Sie 25 km bewältigen. Während der gesamten Wanderung laufen Sie entlang der Straße. Aufgrund der Entfernung sollten Sie aus der Wanderung eine Zwei- bis Dreitagestour machen.

Alternativ besteht die Möglichkeit, sich bei World of Greenland - Arctic Circle ein Mountainbike zu leihen (☞ Kangerlussuaq: 🚲). Mit dem Fahrrad ist die Strecke Kangerlussuaq-Inlandeis-Kangerlussuaq innerhalb eines Tages zu bewältigen.

Zu guter Letzt können Sie auch einen Transfer zum Inlandeis organisieren (wahlweise auch nur für eine Strecke) und eine Strecke laufen. Ansprechpartner ist wiederum World of Greenland - Arctic Circle ☞ Kangerlussuaq: ℹ Information.

Los gehts

Der Arctic Circle Trail ist ein absoluter Wanderklassiker in Grönland. Es empfiehlt sich, die Wanderung von Kangerlussuaq in Richtung Sisimiut zu laufen, da Sie zu Beginn der Tour mit dem hohen Rucksackgewicht in dem Gebiet um Kangerlussuaq wenig Höhenmeter zu bewältigen haben. Je weiter Sie in Richtung Sisimiut wandern, desto mehr Höhenmeter erwarten Sie, insbesondere in dem Küstengebirge um Sisimiut herum. Zudem ist die Möglichkeit, vom Flughafengelände aus direkt die Wanderung antreten zu können, wohl einzigartig in Europa.

Dennoch spricht außer den Höhenmetern, die Sie direkt von Sisimiut aus erwarten und mit dem vollen Rucksack sehr strapaziös sein können, nichts gegen die Wahl, die Tour in umgekehrter Richtung, also von Sisimiut nach Kangerlussuaq, zu laufen. Dies gibt Ihnen die Möglichkeit, notwendige Lebensmittel vor Ort in Sisimiut nachzukaufen. Dabei müssen Sie allerdings mit deutlich erhöhten Preisen rechnen.

Gleichwohl soll hier der Trail im klassischen Sinne, insbesondere wegen der guten Startbedingungen im ebenen Gelände um Kangerlussuaq, in Richtung Sisimiut beschrieben werden.

Die nachfolgende Einteilung des **Arctic Circle Trail** in elf Etappen stellt nur eine Möglichkeit dar, die ca. 160 km aufzuteilen.

Die Angaben der Höhenmeter können nur einen ungefähren Eindruck vermitteln, da es sich mehrheitlich um vergleichsweise geringe Auf- und Abstiege handelt. Die Gesamthöhendifferenz der Strecke beträgt nur wenige Meter.

Die in den Text eingebauten Hinweise auf weitere **Zeltgelegenheiten** beschreiben nur besonders schöne Zeltplätze. Generell findet sich (mit Ausnahme der Feuchtgebiete) nahezu überall eine Möglichkeit, das Zelt auf einigermaßen ebenem Boden und in Trinkwassernähe aufzustellen.

Der **Arctic Circle Trail** ist noch nicht als reine Hüttentour durchführbar, auf das Mitführen eines Zeltes können Sie also nicht verzichten!

1. Etappe: Kangerlussuaq - Kellyville

➲ 15,1 km, ⌛ 3-4 Std., ⇧ 372 m, ⇩ 227 m, leichte Etappe

Die erste Etappe führt Sie zum eigentlichen Beginn des **Arctic Circle Trails**. Der Weg führt über eine staubige Wellblech-Schotterpiste, die den Flughafen mit dem Hafen verbindet. Die 10 Kilometer bis dorthin sind leicht zu laufen, bieten aber kein großes Wandervergnügen.

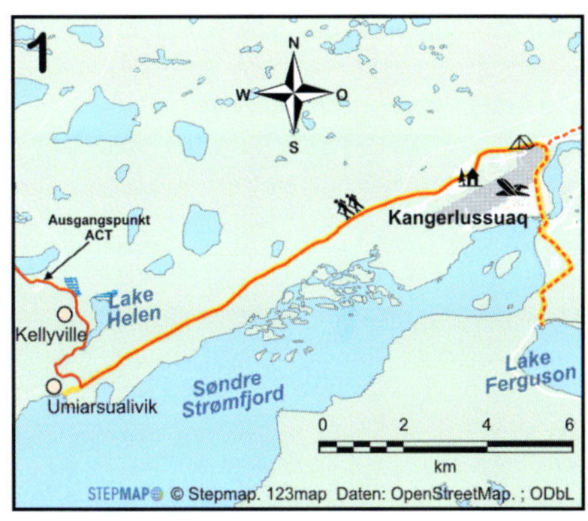

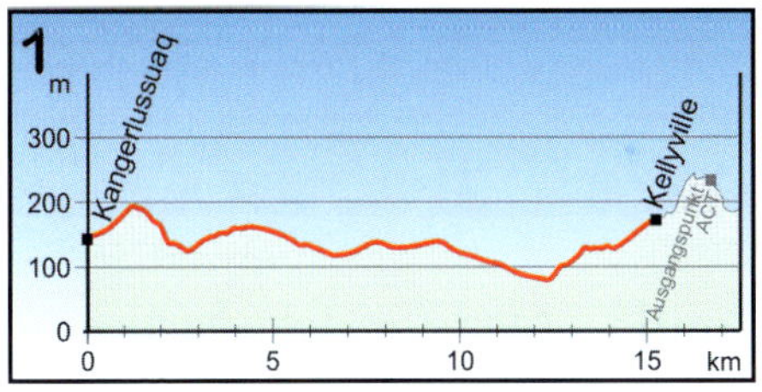

Am Hafen zweigt die Schotterpiste ab und Sie folgen dem Schild, das den Weg Richtung Kellyville ausweist. Nach ca. 3 Kilometern passieren Sie auf der Schotterpiste **Kellyville**. 1 Kilometer später stehen Sie am eigentlichen Ausgangspunkt des Trails, der durch ein großes Steinmännchen markiert wird.

☺ Da die ersten 14 Kilometer nur über Schotterpiste führen und landschaftlich wenig reizvoll sind, empfiehlt es sich, den Weg per Anhalter oder mit einem Bus oder Taxi zurückzulegen.

Der Bustransfer wird vom Kangerlussuaquer Touristenzentrum organisiert und kostet für bis zu vier Personen DKK 300. Den gleichen Preis bezahlen Sie für ein privates Taxi.

Sollten Sie allein oder zu zweit reisen, lohnt sich der Versuch zu trampen. Als Anhalter-Entgelt sollten DKK 100 angemessen sein.

Eine schöne Zeltgelegenheit finden Sie am Ufer des Sees, den Sie kurz nach dem Startpunkt des Trails erblicken. 🌐 N 66°59,078' W 050°59,438'

Die ersten Meter nach Kellyville

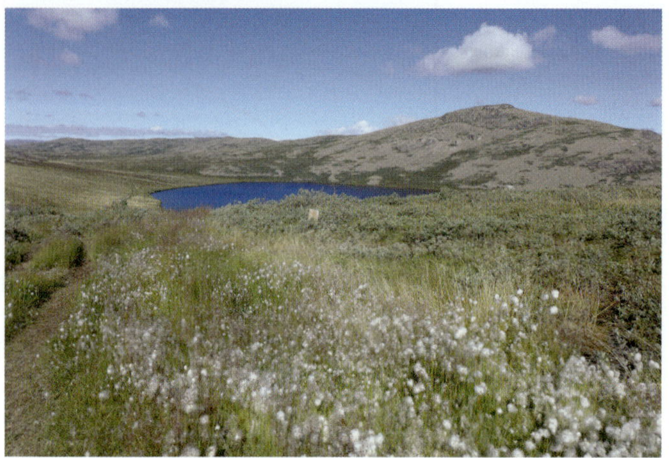

2. Etappe: Kellyville - Ostufer des Qarlissuit

➲ 17 km, ⌛ 6-7 Std., ⇧ 283 m, ⇩ 89 m, leichte Etappe

Vom Startpunkt des Trails folgen Sie den gut sichtbaren Wegspuren Richtung Nordwesten, zur Rechten liegt ein See. Wenig später erblicken Sie in westlicher Richtung zwei Seen. Am Ende des ersten Sees biegen Sie nach links ab und halten auf ein Steinmännchen zu.

Hinter einer kleinen Erhebung können Sie die auf der Karte erkennbare alte Blechhütte sehen, die am Ufer des **Hundesøs** liegt - ein komplett verrosteter Wohnwagen, um den ebenfalls verrostete Blechgebäude drapiert sind. 🌐 N 66°59,824' W 051°00,681'

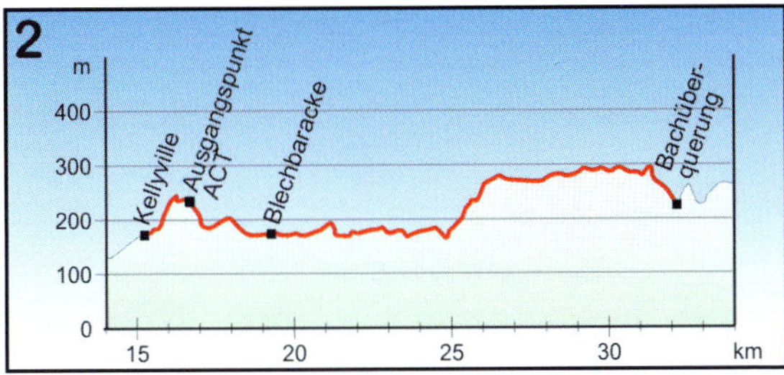

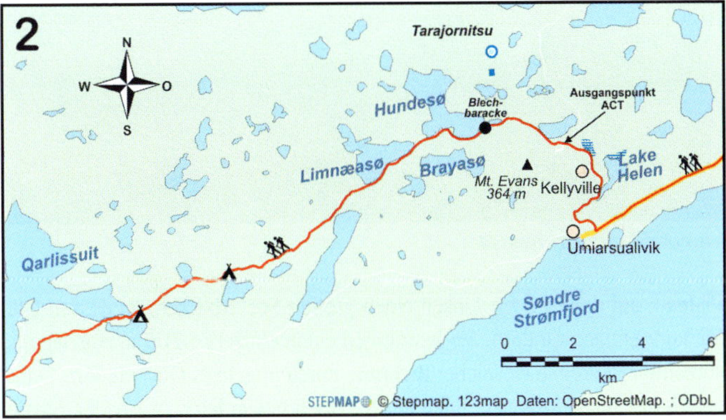

Die drei Seen **Hundesø**, **Brayasø** und **Limnæasø** werden in einigen Reiseführern und Foren als Salzseen aufgeführt. Wir haben das Wasser des **Hundesø** und **Limnæasø** getestet und füllten unsere Flaschen mit frischem Trinkwasser!

Ein möglicher Zusammenhang könnten jahreszeitlich variable Zuflüsse sein.

Der Weg führt Sie weiter in südwestlicher Richtung entlang des **Hundesøs** durch zum Teil matschiges Gelände.

Vom **Hundesø** halten Sie sich in südwestlicher Richtung, bis Sie das Ufer des **Limnæasøs** erreichen. Ein recht einfacher Anstieg führt Sie auf ein

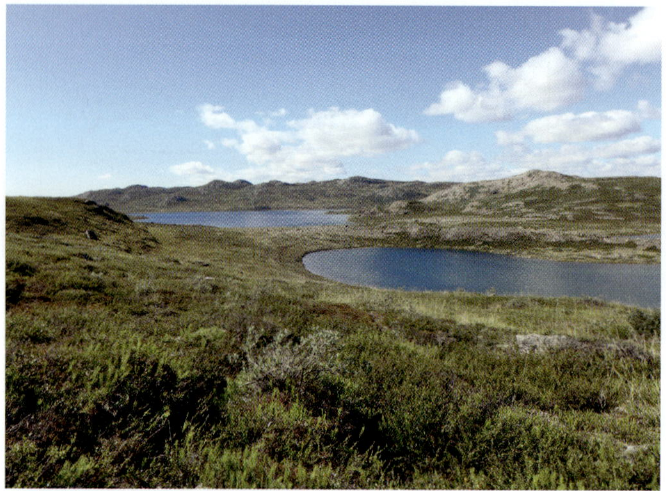

Hundesø und Limnæasø

Plateau, auf dem Sie zur Linken einen großen See erblicken, an dessen Ufer Sie kurz entlangwandern. Sie bewältigen einen einfachen 200 m Anstieg und setzen Ihren Weg in westlicher Richtung durch hügeliges Gelände fort. Dabei lassen Sie zur Linken zwei Seen liegen. Nach einem leichten Abstieg passieren Sie matschiges Gelände.

Anschließend überqueren Sie den auf der Karte gut erkennbaren Hügel und folgen dem recht steilen und bei Nässe passagenweise rutschigen Weg bergab zum See.

Dort befindet sich die auf der Karte eingezeichnete Zeltgelegenheit am Ufer zweier Seen, die durch einen Bach verbunden sind, den es auf der nächsten Etappe zu überqueren gilt. 🌐 N 66°56,990' W 051°14,641'

✋ Auf dieser Etappe verläuft der Weg etwas unterhalb der Steinmännchen. Bei schlechten Sichtverhältnissen ist die Orientierung anhand der unterschiedlichen Seenformen und der Seen mit Inseln gut möglich.

3. Etappe: Ostufer des Qarlissuit - Hütte Katiffik

➲ ca. 6,9 km, ⌛ 4 Std., ⇧ 173 m, ⇩ 328 m, leichte Etappe

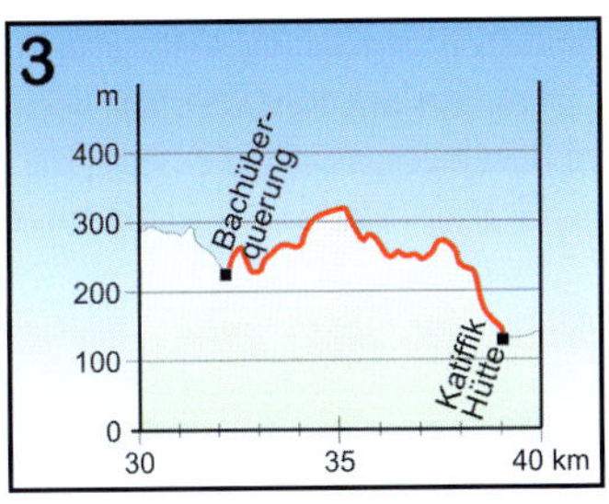

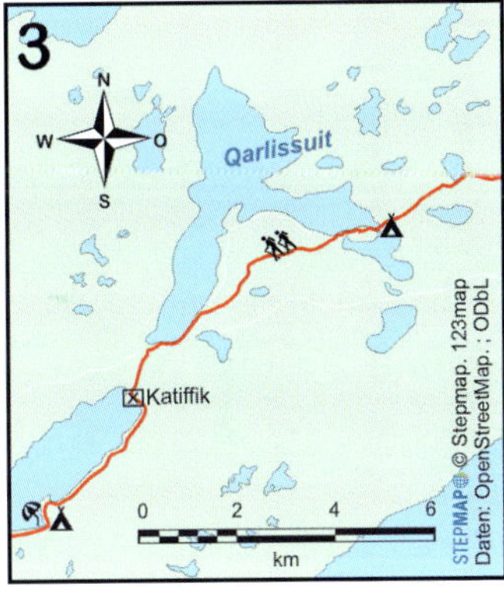

Nachdem Sie den vorgelagerten Sumpf und knietiefen Bach am Zeltplatz überquert haben, führt der Weg nach einem kurzen, steilen Aufstieg leicht bergab in morastiges Gelände. Von dort haben Sie einen leichten Anstieg auf ein Plateau vor sich, das es zu überqueren gilt, bevor es wieder bergauf geht. Die Steinmännchen stehen in weiten Abständen auseinander, der Pfad, der bergauf führt, ist aber gut zu erkennen. Nach dem Anstieg auf ein weiteres Plateau, folgen Sie dem Weg, der entlang des Bergrückens führt. Auf der linken Seite lassen Sie zwei kleine Seen liegen und steigen ein kurzes Stück bergab durch ein morastiges Gebiet. Anschließend wandern Sie auf die vor Ihnen liegende Hügelkuppe, die auf einen kleinen See zuläuft. Von hier können Sie den auf der rechten Seite liegenden See **Qarlissuit** erkennen.

Sie können sich nun an dem gut erkennbaren Pfad, der auf einen Hügelkamm führt, orientieren oder aber an dem Steinmännchen, das den Weg bergab zum See **Qarlissuit** kennzeichnet.

☞ Beim Abstieg zum See sollten Sie genau auf den Untergrund achten, denn unter der Moosdecke befinden sich zwischen den Steinen Löcher, die leicht zu einer Verletzung führen können.

Am Seeufer angelangt, können Sie den Weg entlang des wunderschönen **Qarlissuits** genießen, der zum Baden einlädt. An seinem Ufer befinden sich zahlreiche, schöne Zeltplätze.

Am westlichen Ende des Sees angelangt, müssen Sie noch einen 20-minütigen leichten Anstieg hinter sich bringen, bevor Sie von dem Steinmännchen, das auf der Anhöhe steht, bereits die Hütte **Katiffik** erblicken.

Von hier aus haben Sie nur noch einen technisch problemlosen Abstieg zu bewältigen, bis Sie die Hütte, die direkt am Seeufer liegt, erreichen.

🌐 N 66°55,221' W 51°021,626'

Abstieg zur Katiffik-Hütte

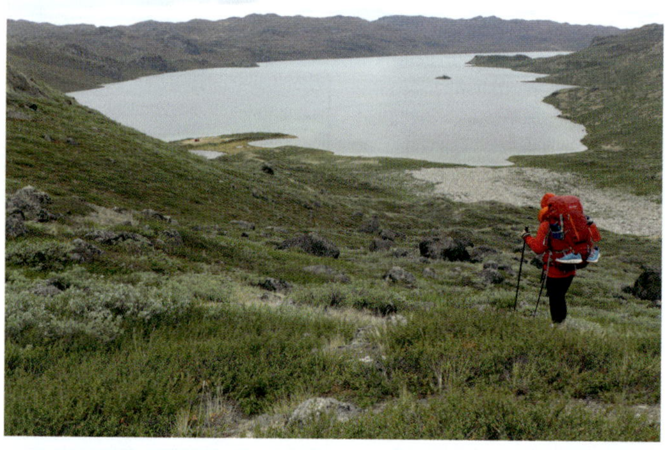

⌂ Die kleine, gepflegte Hütte ist mit isolierten Fenstern und Wänden ausgestattet und bietet auf einer Pritsche ohne Matratzen für bis zu 4 Personen Schlafplätze. Zum Kochen ist eine kleine Nische mit einer Edelstahlplatte (ohne Kocher) eingebaut. Im Gegensatz zu den meisten anderen Hütten, befindet sich in der Katiffik kein Petroleumofen. Da die Hütte im Winter von Kangerlussuaq mit Schneemobilen gut zu erreichen ist, befinden sich dort möglicherweise nutzbare Lebensmittelreste, Gaskartuschen und Lektüre in allen möglichen Sprachen.

Um die Hütte herum befinden sich schöne, ebene Zeltplätze. Womöglich muss man bei der Wahl des Zeltplatzes den Untergrund etwas genauer inspizieren. Die Hinterlassenschaften der Besucher kann man nicht der Hütte und deren Betreuern anlasten, die nur wenige Male im Jahr zu Wartungs- und Aufräumarbeiten vorbeikommen.

Der Sandstrand am Seeufer des **Amitsorsuaq** lädt bei gutem Wetter zum Faulenzen ein.

Eventuell lassen sich am Seeufer **Kanus** finden, die vom aufgegebenen **Kanucenter** am westlichen Seeende übrig geblieben sind und von Wanderern genutzt werden können.

4. Etappe: Hütte Katiffik - Landzunge am Amitsorsuaq

ca. 11,5 km, 6 Std., ⇧ 135 m, ⇩ 122 m, mittelschwere Etappe

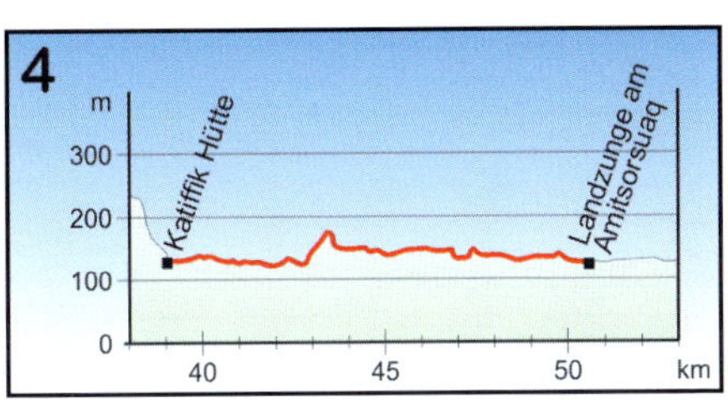

Von der Hütte aus folgen Sie dem gut erkennbaren Pfad direkt am Ufer des Sees. Bald stoßen Sie auf ein Geröllfeld am Seeufer, das ein bisschen Klettergeschick und eine erhöhte Trittsicherheit erfordert. Sehen Sie es als Vorbereitung auf den darauffolgenden Felssturz, der mit kubikmetergroßen Granitblöcken schwieriger zu passieren ist und höchste Aufmerksamkeit erfordert! Der große Rucksack ist bei der Kletterei hinderlich, der Kraftaufwand stellenweise enorm, da das Rucksackgewicht mit ausbalanciert werden muss. Wenn Sie dieses Hindernis erfolgreich und ohne Abstecher ins kalte Seewasser gemeistert haben, freuen Sie sich einfach darüber, dass Sie das Schlimmste der Tour hinter sich gebracht haben.

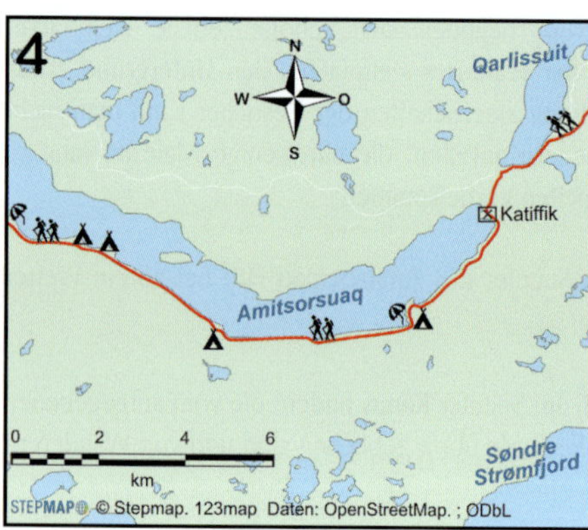

Anschließend laufen Sie auf eine Landzunge zu, und der Weg verlässt für kurze Zeit das Seeufer.

⛺ Kurze Zeit später stoßen Sie auf einen schönen Sandstrand, der exzellente Zeltgelegenheiten bietet.

🌐 N 66°53,960' W 051°24,037'

Kurz darauf bewältigen Sie einen leichten Anstieg und folgen dem Pfad am Seeufer weitere 2-3 Stunden.

Uferpfad am Amitsorsuaq

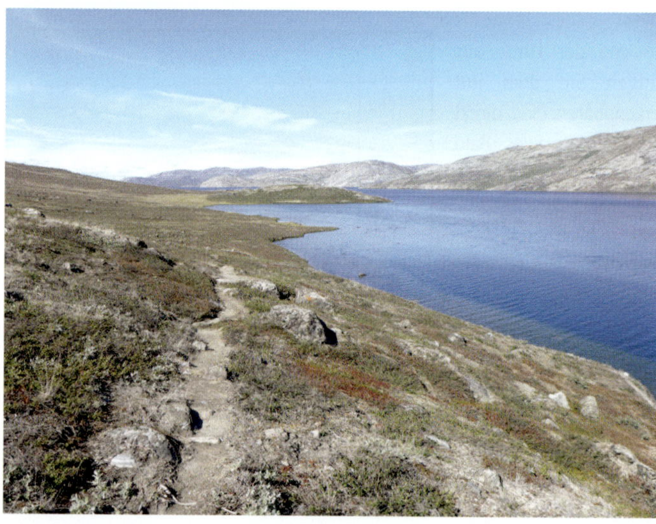

Hier erwartet Sie eine weitere Landzunge mit wunderschönen Zeltgelegenheiten.

Nach weiteren 1 ¼ Stunden erreichen Sie erneut eine Landzunge mit fantastischen Zelt- und Badegelegenheiten direkt am Seeufer.
N 66°54,808' W 051°33,481'

Der gesamte steil abfallende Uferbereich dieser Tagesetappe bietet gute Angelmöglichkeiten auf den Arktischen Saibling.

Von der Anhöhe dieser Landzunge eröffnet sich Ihnen ein wundervoller Weitblick über den See, sowohl nach Osten als auch nach Westen.

Insgesamt werden Sie auf dieser Tagesetappe auf wenig Steinmännchen stoßen, dennoch ist die Orientierung am Seeufer entlang auch bei schlechten Wetterverhältnissen absolut problemlos.

5. Etappe: Landzunge am Amitsorsuaq - Abfluss des Amitsorsuaq am Westufer

ca. 14 km, 6 Std., ⇧ 67 m, ⇩ 61 m, leichte Etappe

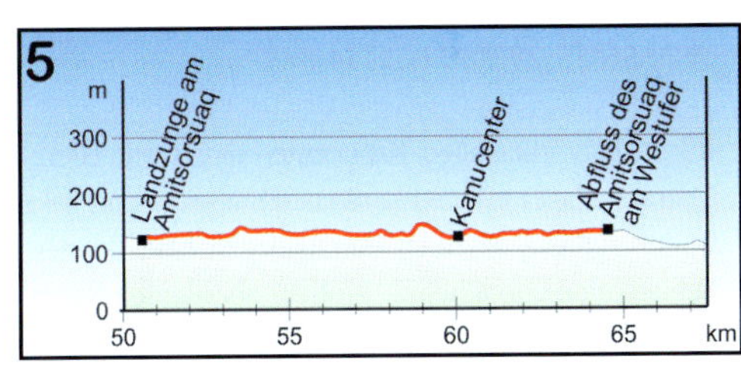

Wie schon bei der vorherigen Etappe folgen Sie dem Trampelpfad entlang des Seeufers. Während dieser Etappe werden Sie auf keine Steinmännchen stoßen, Sie orientieren sich allein am See, der zur rechten Hand liegt.

Nach etwa 2-3 Stunden führt Sie der Weg auf eine schon von Weitem gut sichtbare Landzunge mit einem Sandstrand, der einem bei schönem Wetter das Gefühl gibt, nicht im hohen Norden, sondern in der Karibik zu sein.

Die ebene, breite Landzunge lädt zum Zelten ein.

Von hier können Sie schon in westlicher Richtung auf das verlassene Kanucenter blicken. Bis dorthin müssen Sie noch einige steilere Uferpassagen überqueren und dabei gelegentlich direkt am Seeufer von Stein zu Stein hüpfen, balancieren und klettern. Auch hier ist Trittsicherheit gefragt.

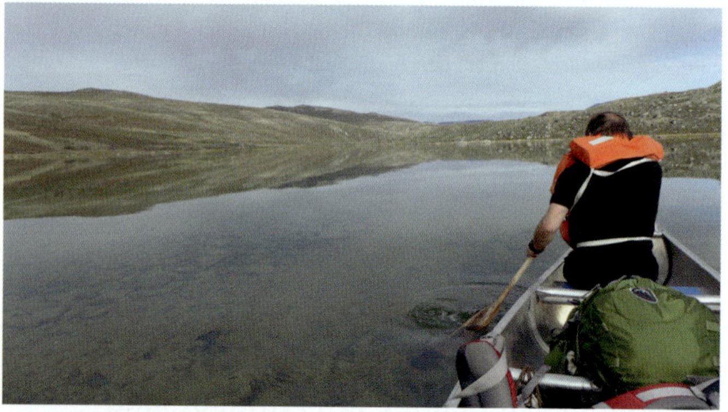

Paddeln über den Amitsorsuaq

Nach einer weiteren Stunde haben Sie dann das **Kanucenter** erreicht, an dem Sie mit etwas Glück zurückgelassene Kanus finden werden. N 66°55,293' W 051°44,887'

Das ehemalige **Kanucenter** direkt am Ufer des **Amitsorsuaq** bietet Matratzenlager in 2 Schlafräumen mit insgesamt 14 sauberen Matratzen, die weder auffällig alt noch durchgelegen sind. In der Hütte gibt es 2 große Schlafräume und einen 3. großen, aber leeren Raum, so dass im Kanucenter für weit mehr als 14 Personen Schlafgelegenheiten vorhanden sind. Für die beiden mit Öl betriebenen Öfen stehen mehrere Kanister Heizöl zur Verfügung. Dies hängt jedoch von der Frequentierung des Kanucenters ab! Wir fanden noch knapp 5 Liter Heizöl vor. Neben einer Küchenzeile (ohne Kocher) mit Waschbecken befinden sich in der Hütte noch zwei große Sitzgelegenheiten mit Bänken und Tischen.

Außerdem ist das Kanucenter mit zwei großen, sauberen Toiletten ausgestattet. Die Sauberkeit wird gewährleistet, indem jeder Besucher den zuvor eingespannten Toilettenbeutel bei Abreise herausnimmt und ordnungsgemäß in die außenstehende WC-Kiste entsorgt. Idealerweise zugeknotet.

Die ehemals vom Kanucenter genutzten Kanus, die nach Aufgabe des touristischen Betriebs dort mitsamt Schwimmwesten und Paddeln zurückgelassen wurden, können von den Wanderern entlang des Sees **Amitsorsuaq** offiziell genutzt werden.

Nach Benutzung ist darauf zu achten, dass die Kanus weit genug an Land gezogen werden, um bei stark erhöhtem Wasserstand im Frühjahr nicht abgetrieben zu werden. Damit die Kanus durch den Regen nicht volllaufen, werden diese am besten umgedreht.

Die Schwimmwesten sollten an den Sitzbänken mittels des Brustgurtes fixiert werden, damit sie bei starkem Wind nicht weggeweht werden.

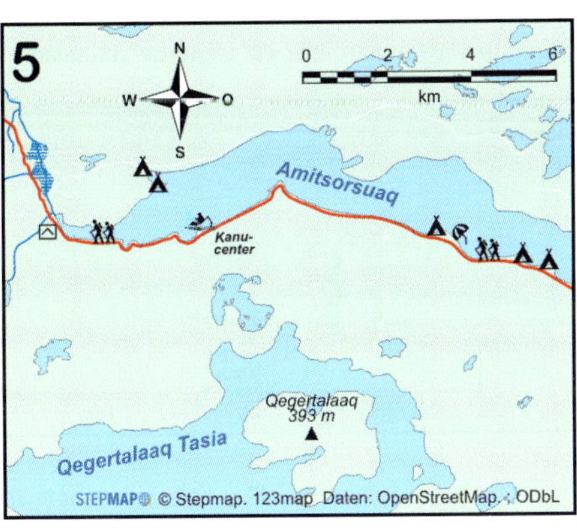

Vom **Kanucenter** aus folgen Sie weiter dem Weg, der entlang des Seeufers führt. Das Gelände wird etwas hügeliger und dabei zugleich matschiger. Nach etwa 1-2 Stunden haben Sie das Ende des Sees erreicht. 🌐 N 66°55,305' W 051°49,368'

Dort vorgelagert befindet sich eine kleine, wunderschöne Insel, die mit Hilfe eines Kanus problemlos erreichbar ist und eine traumhafte Zeltgelegenheit bietet.

Das Westufer des Sees bietet mit seinem unglaublich klaren Wasser und den Bergen im Hintergrund ein einzigartiges Panorama.

Der Abfluss des Sees bietet hervorragende Angelgelegenheiten auf den Arktischen Saibling, der sehr schmackhaft ist.

6. Etappe: Abfluss des Amitsorsuaq am Westufer - Ikkatooq Hütte

ca. 19,2 km, 8-9 Std., ⇧ 608 m, ⇩ 391 m, schwere Etappe

Der Pfad folgt, wie auch gut auf der Karte erkennbar, dem Bach, der aus dem See abfließt, auf der linken Seite. Hier gilt es, stellenweise über größere Steine zu „hüpfen". Das Steinmännchen, das Sie auf dem Hügel am Ende des Sees erkennen, dient lediglich als Orientierungshilfe. Der Weg läuft zunächst direkt am Fluss entlang und führt dann nach 20 Minuten an den Hang der Bergkette zur Linken. Sie halten sich an der Bergkette, um das feuchte Gebiet um den Fluss herum zu meiden, bis Sie vom Hang aus auf der gegenüberliegenden Seite ein weiteres Steinmännchen sehen können.

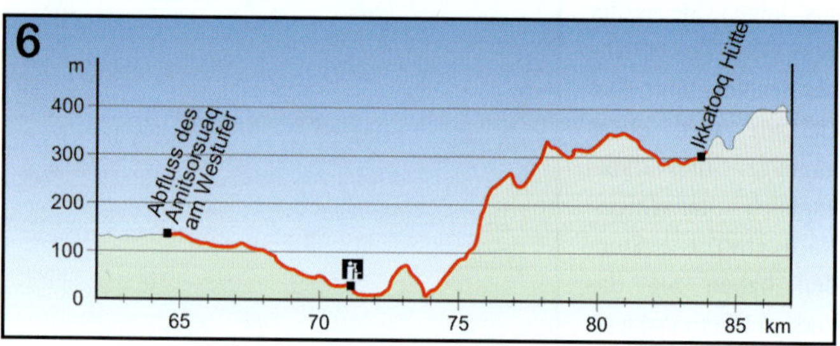

Kurz darauf folgt ein drittes Steinmännchen, das auf einer Felsformation steht, die direkt am Weg entlangführt. Von hier aus eröffnet sich ein weites Tal, das auf den Kangerluatsiarsuaq hinaufführt. Sie folgen dem Steinmännchen in nordwestlicher Richtung und halten sich weiterhin leicht oberhalb des Flusstals. Es geht ca. 1 Stunde durch morastiges, z.T. unwegsames Gelände. Als Orientierungspunkt dient hierbei das Steinmännchen auf dem Hügel südlich des Sees.

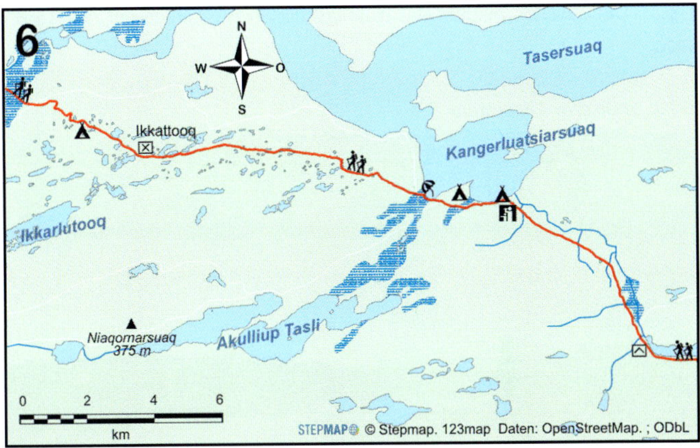

Sie steigen leicht bergauf, bis sich vom Hügel südlich des Sees ein wunderschöner Blick über den Tasersuaq eröffnet. Sie steigen den Berghang zum See hinab und folgen dem Pfad am See, bis Sie eine kleine Landzunge überqueren müssen. Nach einem kurzen, steilen Abstieg erreichen sie einen großen Sandstrand, der zum Zelten und Baden einlädt. N 66°57,624' W 051°58,365'

Sie überqueren anschließend ein morastiges Gebiet in nordwestlicher Richtung. Dieses Feuchtgebiet wird von zwei Bächen, die hindurchfließen, gespeist. Als Orientierungspunkt dient Ihnen ein Steinmännchen, das in Richtung NW zu sehen ist. Kurz bevor der Anstieg ins Fjäll auf Sie wartet, müssen Sie noch ein weiteres morastiges Gebiet durchqueren. Als Orientierungshilfe dienen hier erneut die Steinmännchen.

Anschließend müssen Sie, je nach Kondition und Wetter, etwa 1 Stunde einen steilen Berghang hinaufsteigen, der bei Nässe rutschig und anspruchsvoll sein kann. Auf der Höhe befindet sich ein gut sichtbares Steinmännchen. Es folgt ein weiterer, längerer Anstieg bevor sie nach einigen kürzeren Aufstiegen die Hochebene erreicht haben.

Der Aufstieg belohnt mit wunderschönen Aussichten auf den **Tasersuaq.**

Blick über den Tasersuaq

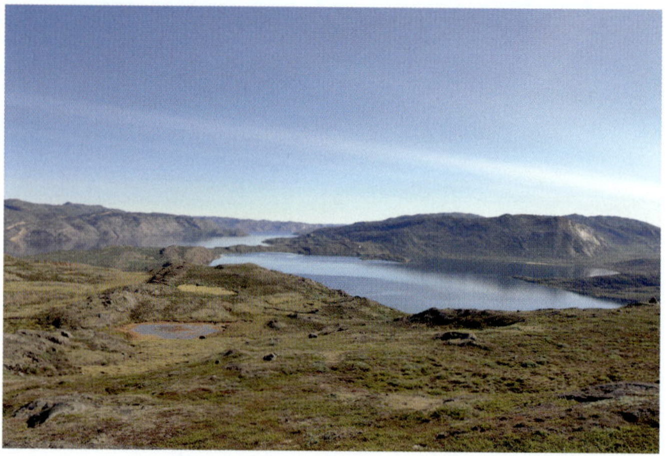

Von nun an folgen Sie den Steinmännchen, die Sie in engeren Abständen als bisher über das Fjäll leiten. Es geht vorbei an unzähligen kleinen Seen. Nach ca. 2-3 Stunden erblicken Sie die **Ikkatooq Hütte** in westlicher Richtung, die Sie nach weiteren 60 Minuten über einen gut erkennbaren Pfad erreichen. N 66°58,324' W 052°10,204'

Die relativ neue und durch viele Fenster recht helle Hütte bietet 7 Lager ohne Matratzen und Decken. In der Hütte befindet sich ein Petroleumofen und eine Kochecke (ohne Kocher).

Um die **Ikkatooq Hütte** herum finden Sie mehrere Zeltgelegenheiten.

Aus den Berichten in der Hütte geht hervor, dass diese Etappe häufig von starkem Wind, Regen und schlechter Sicht begleitet wird. Bei sehr schlechten Sichtverhältnissen kann sich die Orientierung als schwierig gestalten, da das Fjäll kaum markante Orientierungspunkte bietet. Es empfiehlt sich daher, bei starkem Nebel die Tour zu unterbrechen, sich einen Lagerplatz zu suchen (was problemlos sein dürfte) und auf bessere Witterung zu warten.

7. Etappe: Ikkatooq Hütte - Eqalugaarniarfik Hütte

➲ *ca. 12,6 km, ⌛ 6 Std., ⇧ 335 m, ⇩ 569 m, mittelschwere Etappe*

Die nächste Etappe begrüßt Sie direkt mit einem steilen Anstieg, der zur Rechten (NW) der Hütte liegt. Den bei Nässe sehr rutschigen Anstieg sollten Sie vorsichtig angehen. Wenn Sie den ersten Berghang erreicht haben, folgen Sie dem Pfad kurz bergab, bevor Sie dann erneut an einem weiteren Berghang ansteigen müssen.

Steiler Anstieg hinter der Ikkatooq Hütte

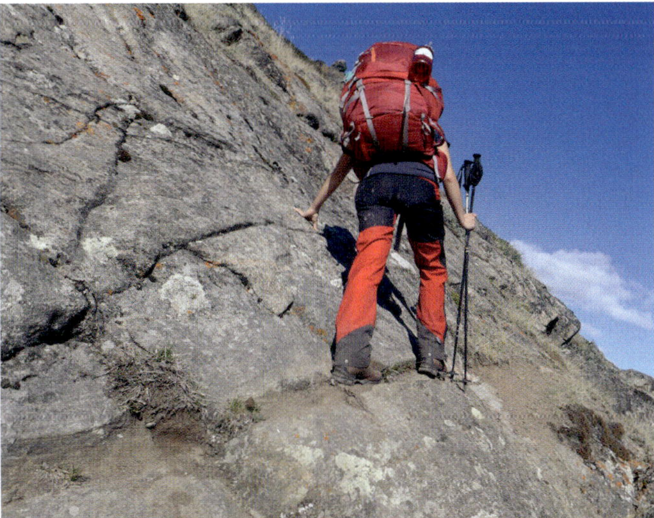

Wenn Sie diesen Anstieg bewältigt haben, stoßen Sie direkt auf einen kleinen See, an dessen Ufer der Pfad gut sichtbar entlangführt.

An dem See finden Sie schöne Zeltgelegenheiten.

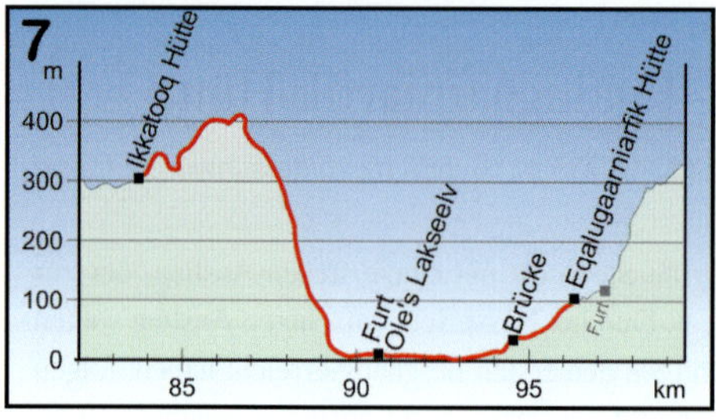

Der hier gut erkennbare Weg führt Sie weiter in stetigem Bergauf und Bergab ins Fjäll. Nach einer schönen, ca. 60-minütigen Fjälldurchquerung eröffnet sich Ihnen zum ersten Mal der Blick ins Flusstal, in dem Sie den Fluss **Ole's Lakseelv** zu furten haben. Doch bevor es so weit ist, müssen Sie noch einen bisweilen recht steilen Abstieg bewältigen.

Der Abstieg führt über vermooste Steine und lehmige Passagen und erfordert deshalb bei Nässe allerhöchste Konzentration.

☺ Am besten tragen Sie schon im Fjäll reichlich vom Mückenmittel auf, denn der Abstieg führt Sie nicht nur in ein windgeschützteres und damit wärmeres Tal, sondern auch in eine Region, in der Sie von den **Moschusochsenfliegen** nur so verfolgt werden.

Wenn Sie nach dem ca. 45-minütigen Abstieg die Talebene erreicht haben, müssen Sie sich an der Bergkette auf der gegenüberliegenden Seite (NW) des Flusstals orientieren. Der Pfad führt Sie zunächst recht eindeutig durch das morastige Gelände, bevor er sich im immer feuchter werdenden Teil des Flusstals verliert.

Kurz darauf erwartet Sie die anspruchsvollste **Flussdurchquerung** des Trails. Der Fluss kann im Frühsommer und in sehr regenreichen Sommern schon einmal bis zu 1,50 m tief sein, weshalb das Furten sehr gefährlich bis unmöglich werden kann.

☺ Gerade während der Frühsommermonate kann die Tiefe des Flusses im Laufe eines Tages aufgrund der durch Sonneneinstrahlung vermehrten Schneeschmelze in den Bergen deutlich zunehmen. Es empfiehlt sich daher, die Flussdurchquerung frühmorgens zu unternehmen oder dem Fluss stromaufwärts zu folgen, bis Sie eine angenehmere Watstelle finden. Wassersandalen (Tevas o.Ä.) und Wanderstöcke bieten dabei eine zusätzliche Absicherung (☞ Reise-Infos von A bis Z: Waten).

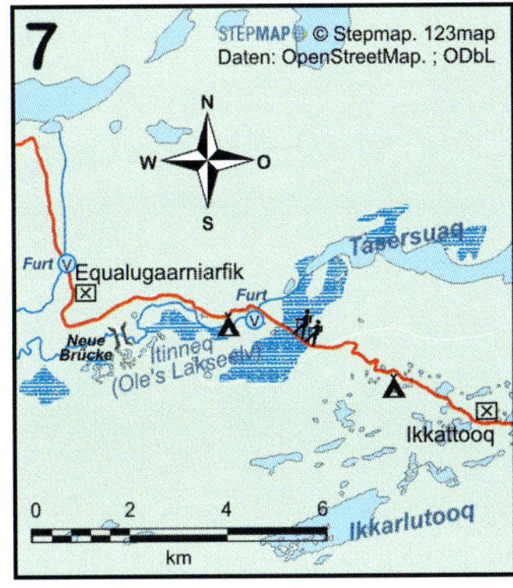

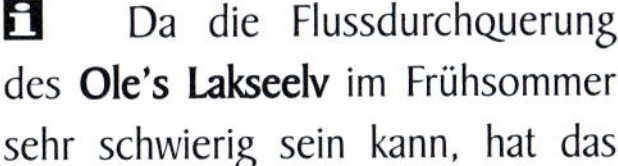

Da die Flussdurchquerung des **Ole's Lakseelv** im Frühsommer sehr schwierig sein kann, hat das Sisimiuter Tourismusbüro den Bau einer **Brücke** stromabwärts veranlasst. Ein gut sichtbarer Pfad führt entlang des Flusses auf die **Brücke** zu (📷 S. 116) 🌐 N 66°59,297' W 052°20,200'

In trockenen Sommern sowie im Spätsommer wird Ihnen die Flussdurchquerung bei einer Wassertiefe von ca. 50-70 cm keine größeren Probleme bereiten. Häufig gewählt wird folgende Furt, die dank der ausgetretenen Pfade gut aufzufinden ist: 🌐 N 66°59,545' W 052°16,329'

Nachdem Sie den Fluss durchquert haben, folgen Sie seinem Verlauf ein Stück stromabwärts, umlaufen einen See und steuern auf eine gut sichtbare Felsnase des Berghangs zu.

Der Weg führt nun gut erkennbar direkt am Berghang entlang, bis Sie auf einen breiten, sehr gut sichtbaren Weg stoßen, der das Gelände quert.

Diesem Weg folgen Sie, bis Sie auf der nächsten Felsnase des Berghangs bereits die ersten Steinmännchen entdecken können, die Sie von nun an wieder durch das Gelände führen. Der Weg verläuft eindeutig entlang der Steinmännchen.

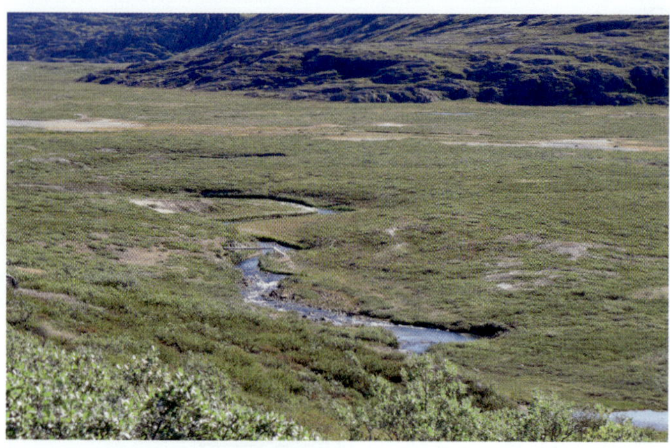

Neue Brücke über den Ole's Lakseelv

Nach dem Ausläufer des Berghangs zur rechten Seite steigen Sie nicht in das Flusstal ab, sondern wandern in nördlicher Richtung 45 Minuten, bis Sie auf die Hütte **Eqalugaarniarfik** stoßen.
N 66°59,745' W 052°21,427'

Diese neue, sehr schön gelegene Hütte bietet 6 Schlafgelegenheiten, 4 Matratzen, eine Kochnische (ohne Kocher), einen Petroleumofen und ein WC. Das Wasser holen Sie aus dem ca. 300 m entfernten Bach, den Sie am nächsten Tag durchqueren müssen.

In trockenen Sommern führt der Bach oftmals kein Wasser! Dies ist, vor dem recht anstrengenden Aufstieg und der anschließenden Fjälldurchquerung, für mehrere Kilometer die letzte Möglichkeit Wasser zu holen. Eventuell lohnt es sich, bachaufwärts nach verbliebenen Wasseransammlungen zu suchen.

Nicht allein wegen der schönen Hütte lohnt sich eine Übernachtung an dieser Stelle, sondern auch wegen des Blicks auf den **Fjord Maligiaq** (S. 21), der nicht nur, aber besonders bei Sonnenuntergang sehr malerisch ist.

⛺ Um die Hütte herum befinden sich gute Zeltmöglichkeiten auf geschützter, ebener Fläche.

8. Etappe: Eqalugaarniarfik Hütte - Innajuattoq II Hütte

➲ ca. 20,7 km, ⌛ 8-9 Std., ⇧ 581 m, ⇩ 413 m, schwere Etappe

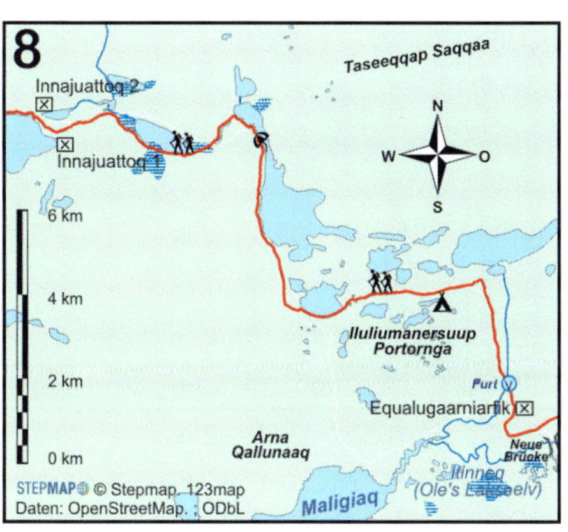

Von der Hütte aus folgen Sie den Steinmännchen, die Sie zu dem Bach führen, den Sie bereits vom Wasserholen kennen. Im Gegensatz zum Spätsommer kann der Bach im Frühsommer so viel Wasser führen, dass Sie damit rechnen müssen, diesen durchwaten zu müssen.

Anschließend erwartet Sie ein etwa halbstündiger, nicht allzu schwieriger, aber stellenweise etwas steiler Anstieg in nördlicher Richtung. Die auf der Wanderkarte als schwierig eingezeichnete Passage ist bei trockenem Wetter problemlos machbar.

☺ Auf den kommenden 5 Kilometern haben Sie eine gute Chance, den majestätischen **Seeadler** über der Hochebene kreisen zu sehen.

Sie wandern in nördlicher Richtung in ständigem Bergauf und Bergab vorbei an steilen Felswänden. Die Orientierung ist aufgrund zahlreicher Steinmännchen problemlos zu nennen. Auf der Anhöhe angelangt, blicken Sie in nördlicher Richtung auf einen großen See und auf hohe, auch im Sommer schneebedeckte Gipfel.

Folgen Sie nicht dem gut sichtbaren Trampelpfad, der zum See abwärts führt, sondern orientieren Sie sich an den Steinmännchen, die auf der Anhöhe in westlicher Richtung postiert sind.

Sie wandern die nächsten 1-2 Stunden in westlicher Richtung auf nahezu gleichbleibender Höhe, bis Sie nach Westen auf einen See blicken, dessen Ufer Sie nach weiteren 45 Minuten erreichen. Sie folgen dem Uferverlauf in westlicher Richtung auf einem gut ausgetretenen Pfad.

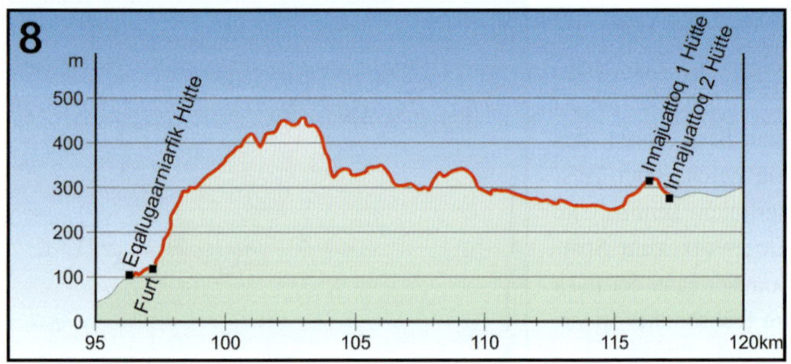

Einige Steilpassagen am Uferverlauf sollten insbesondere bei feuchtem Wetter mit großer Vorsicht begangen werden.

Nach ca. 30 Minuten verlassen Sie das Seeufer und queren in nördlicher Richtung durch morastiges Gelände, bis Sie auf der rechten Seite einen kleinen See sehen können. Zwei Bachüberquerungen später stehen Sie am Ufer eines großen Sees zur Rechten. Sie wandern entlang des großen Sees durch z.T. feuchtes Gelände und hohe **Kriechweiden** (S. 43). Zum großen Teil befindet sich am Seeufer jedoch ein gut erkenn- und begehbarer Pfad. Es lohnt sich, nach dem Pfad am Seeufer Ausschau zu halten. Der höhenlinienparallel verlaufende Pfad oberhalb des Ufers ist stellenweise recht steil und verliert sich immer wieder in Kriechweiden und Gebüsch.

Insbesondere der nördliche Teil des Sees bietet am Ufer einige schöne Zeltgelegenheiten mit schönem Blick auf die hohen Gipfel im Norden.

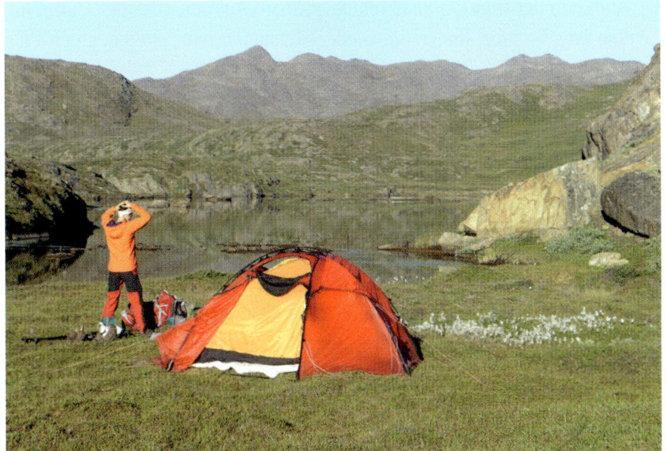

Hier möchte man bleiben ...

Anschließend folgen Sie dem Seeabfluss in westlicher Richtung. In der nächsten Stunde wandern Sie wiederum durch z.T. sehr feuchtes Gelände, das Ihnen schon einen Vorgeschmack auf die anschließend zu querende Feuchtwiese gibt.

Für die Durchquerung der **Feuchtwiese**, die durch mehrere Bäche gespeist wird, müssen Sie mindestens 1-2 Stunden einplanen. Die Durchquerung erfordert große Vorsicht, jeder Schritt will mit Bedacht gesetzt werden. Es erwartet Sie jedoch kein lebensgefährliches Gelände, es besteht lediglich die Gefahr von nassen Schuhen bis hin zu nassen Beinen. Diese bekommen Sie schnell, sind doch nicht immer alle morastigen und z.T. hüfttiefen Stellen auch als solche erkennbar.

In trockenen Sommern ist das Durchqueren weniger problematisch, da die vorhandenen Pfade relativ gut sichtbar und begehbar sind.

☺ Ein Wanderstock kann Sie bei der Durchquerung von Feuchtgebieten vor bösen Überraschungen bewahren. Testen Sie einfach mit dem Stock das nächste zu betretende Stück Moos auf seine Haltbarkeit bzw. Nachgiebigkeit.

Am Ende der Wiese orientieren Sie sich am Ausläufer des zur Linken liegenden Hügels. Dort finden Sie wieder Steinmännchen, die Ihnen den Weg zur Hütte zeigen.

Bis dorthin müssen Sie noch weitere 30-60 Minuten Weg durch unproblematisches Gelände einplanen.

⌂ Die auf einem Hügel östlich des Sees liegende **Innajuattoq I Hütte** bietet eine erhöhte, einfache Pritsche ohne Matratzen für bis zu 4 Personen. Weitere 4 Personen finden unter der Pritsche Platz. In der Kochnische kann auf dem (eigenen!) Kocher gekocht werden. Die saubere Hütte ist mit zwei Fenstern ausgestattet, hell und bietet einen traumhaften Ausblick über den See. 🌐 N 67°03,188' W 052°37,369'

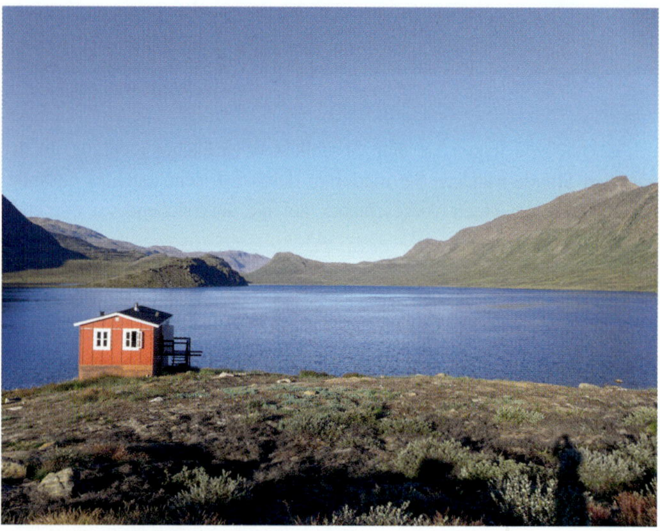

Innajuattoq II Hütte

Anstelle dieser Hütte können Sie die direkt am See gelegene, größere und besser ausgestattete **Innajuattoq II Hütte** wählen.
🌐 N 67°03,393' W 052°37,687'

⊠ Diese enthält in einem Schlafraum 10 Bettenlager mit Matratzen und 2 weitere Pritschen im großen Raum der Hütte. zwei Bänke, ein Tisch, eine Kochnische (ohne Kocher), eine Spüle, ein WC, zwei Petroleumöfen und die wunderschöne Aussicht auf den See machen diese Hütte zu einem wahren Wildnis-Luxus.

Um dorthin zu gelangen, steigen Sie nicht auf den Hügel, auf dem sich die Innajuattoq I Hütte befindet, sondern halten sich vor dem Hügel in nordwestlicher Richtung. Nach etwa 30 Minuten ist die Hütte erreicht.

9. Etappe: Innajuattoq Hütte bis Nerumaq Hütte

➲ ca. 17,5 km, ⌛ 6-7 Std., ⇧ 255 m, ⇩ 398 m, leichte Etappe

Sie verlassen die Hütte in nördlicher Richtung und müssen nach 5 Minuten den Abfluss des Sees überqueren. Bei normalem Wasserstand müssen Sie an dieser Stelle auf die Wassersandalen zurückgreifen und furten. Bei niedrigem Wasserstand können Sie durch „Steinehüpfen" trockenen Fußes das

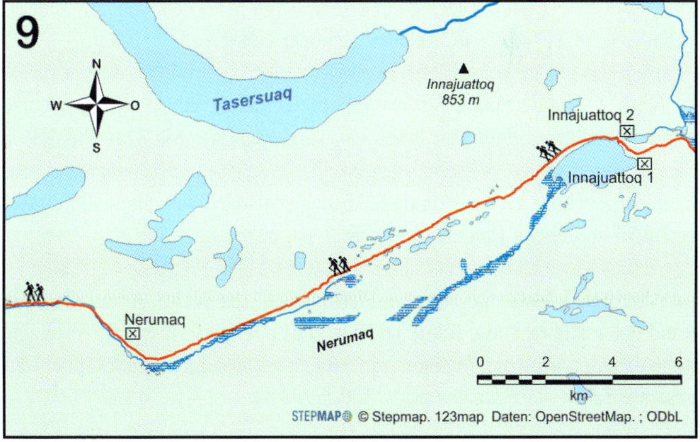

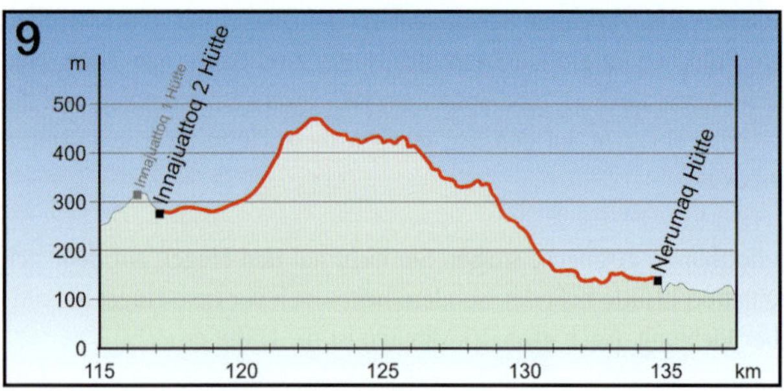

andere Ufer erreichen. Sie halten sich auf dem Weg, der entlang des Sees gut zu erkennen ist. Die Orientierung stellt trotz der Abwesenheit von Steinmännchen kein Problem dar.

Nach 1-2 Stunden taucht das erste Steinmännchen auf, und der Weg verlässt das Seeufer. Sie steigen rechts (nördlich) von einem gut erkennbaren Hügel auf einen Hügelkamm. Diesen haben Sie nach weiteren 30 Minuten erreicht. Sie halten sich am linken Rand des Hügelausläufers, bis die Steinmännchen Sie an den Rand der zur Rechten liegenden Gebirgswand führen. Der Weg durchquert ein schönes Fjäll vorbei an zahlreichen kleinen Seen.

An den Ufern der kleinen und sehr klaren Seen befinden sich zahlreiche idyllische Zeltplätze in traumhaft schöner Natur.

Nach 1 Stunde haben Sie ein kleines Geröllfeld zu passieren. Wenige Minuten später eröffnet sich Ihnen ein wunderschöner Blick ins Flusstal, in das Sie durch saftige Wiesen absteigen. Der Weg ist gut erkennbar und problemlos begehbar. Der einstündige Abstieg schlängelt sich über sanfte Wiesenhügel und ebene Heidefläche hinab in ein malerisches Tal.

Alternativ können Sie auf dem Pfad bleiben, der rechts an der Gebirgswand entlangführt. Diese Route verläuft, statt direkt ins Flusstal abzusteigen, höhenlinienparallel und belohnt mit einem grandiosen Ausblick über das gesamte Tal.

Im Flusstal folgen Sie einem gut ausgetretenen Pfad in westlicher Richtung etwa 1 Stunde. Hinter der Flussbiegung (nach Norden) taucht ein kleiner See auf.

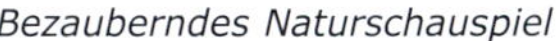

Bezauberndes Naturschauspiel

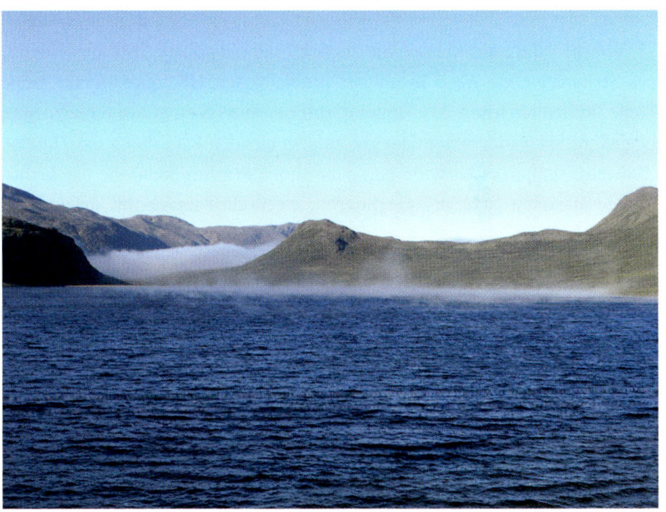

Hier finden Sie sehr gute Angelmöglichkeiten vor.
N 67°00,209' W 052°57,608'

In der Nähe des Sees befindet sich eine kleine, in der Karte nicht verzeichnete **Nerumaq Hütte**. Diese bietet 6 Schlafplätze (ohne Matratzen), eine Kochnische (ohne Kocher) und einen Ofen.
N 67°00,392' W 052°57,946'

Die Hütte selbst ist sehr sauber, aber leider zieren Müll und Klopapier die unmittelbare Umgebung. Da das Tal von hohen Bergwänden umgeben ist, scheint die Sonne dort nur bis in die Nachmittagsstunden hinein.

10. Etappe: Nerumaq Hütte - Hütte oberhalb des Fjords Kangerluarsuk Tulleq

➲ ca. 17,5 km, ⌛ 6-7 Std., ⇧ 212 m, ⇩ 201 m, mittelschwere Etappe

Von der Hütte aus müssen Sie zunächst auf die andere Seite des Flusses, ein Steinmännchen weist Ihnen zur problemlosen Überquerung die beste Stelle. In den nächsten 2-3 Stunden wird der Fluss Sie auf der rechten Seite begleiten. Sie wandern auf dem gut zu erkennenden Pfad durch das Flusstal. Zeitweise sumpfiges Gelände und mannshohe Kriechweiden, die das Gehen mit dem großen Rucksack erschweren, wechseln sich ab mit malerischen Wollgrasfeldern.

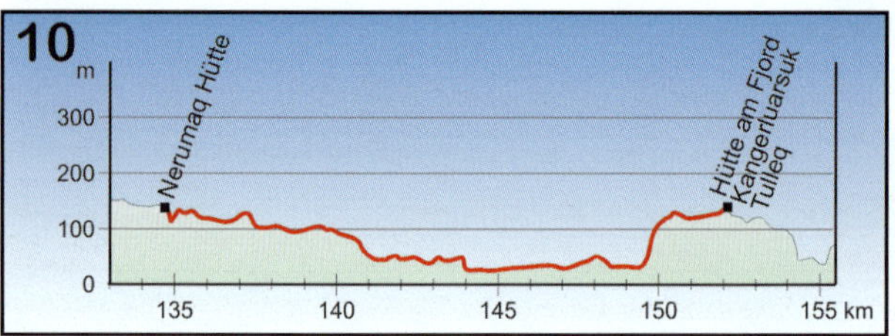

☺ In den Pools des Flusses, d.h. den breiteren Stellen, an denen das Wasser sich etwas staut und langsamer fließt, bietet sich Ihnen die fantastische Gelegenheit, im Spätsommer (Ende August) die Arktischen Saiblinge in dem glasklaren Wasser beim Laichen zu beobachten. Die Fische sind im Wasser wegen der weißen Ränder ihrer Brustflossen sehr gut erkennbar.

Kurz bevor der Fluss in eine Schlucht fließt, überqueren Sie ihn und halten sich auf seiner rechten Seite. Sie umgehen die Schlucht über ein kleines, flach abfallendes Wegstück. Nach etwa 30 Minuten müssen Sie den Fluss erneut überqueren, Sie befinden sich dann wieder auf der orografisch linken Seite des Flusses. Beide Überquerungen können durch „Steinehüpfen" gemeistert werden, sollten aber mit Bedacht erfolgen! Die Steine sind teilwei-

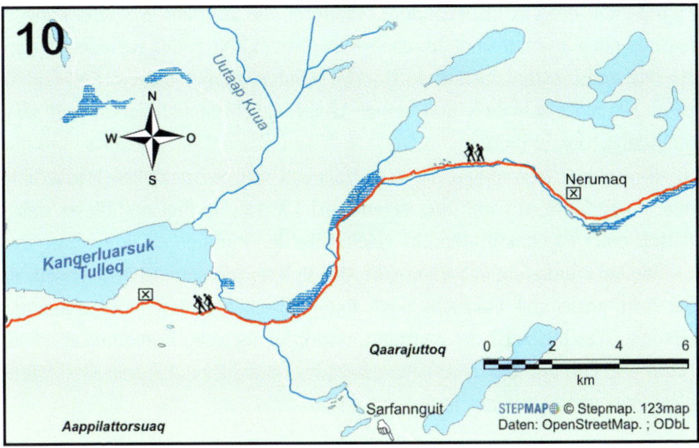

se sehr rutschig und erschweren den ein oder anderen Balance-Akt bei der Überquerung erheblich. Die Steinmännchen weisen Ihnen auf diesem Wegstück die besten Überquerungsmöglichkeiten.

Sie folgen weiterhin dem Flussverlauf (zu Ihrer Rechten) durch häufig recht morastiges Gelände. Nach etwa 20 Minuten befinden Sie sich an einem Ausläufer der Bergwand zur Linken. Der Weg verläuft nach Süden und orientiert sich eher an der linken Bergwand als am Flussverlauf (da dieser einen Knick nach Westen macht und zudem von sehr feuchtem Gelände begleitet wird).

Nach rund 1 Stunde können Sie in südwestlicher Richtung einen großen See erkennen. Der Pfad führt Sie weiter etwas oberhalb des Flussverlaufs, bis Sie nach weiteren 30-60 Minuten das Ostufer des Sees erreicht haben.

Sarfannguit

Dieser kleine, malerische Fischerort mit seinen in bunten Fischerhäusern wohnenden 119 Einwohnern liegt am Fjord Imartuninnguaq. Sarfannguit (der Name bedeutet „die kleine Stromschnelle") wurde auf einer nahe am Festland gelegenen Insel 1843 errichtet, um dort der Dorschfischerei nachzugehen. Eine im Jahre 1927 errichtete Kirche hat mittlerweile Denkmalstatus erreicht.

Heute zieht der Ort insbesondere Wanderer, die auf dem Weg von Kangerlussuaq nach Sisimiut sind, an, da sich im Ort ein KNI-Laden befindet, in dem sie ihre reduzierten Vorräte aufstocken können. Außer diesem KNI-Laden, einer kleinen Fischfabrik und seiner Ursprünglichkeit hat Sarfannguit aber nicht allzu viel zu bieten.

Trinkwasser bekommen Sie in Sarfannguit nur an speziellen Wasserhähnen, da Sarfannguit nicht über eigenes Trinkwasser verfügt und dieses daher mittels einer Pipeline in den Ort geleitet werden muss.

Die Verständigung in Sarfannguit wird sich als problematisch erweisen, da Sie dort weder mit Dänisch- noch mit Englischkenntnissen weiterkommen werden. Was bleibt ist die amüsante und erlebnisreiche Kommunikation mit Hand und Fuß und ein dauerhaft währendes freundliches Lächeln (hoffentlich nicht nur) von Seiten der Inuit.

Da in früheren Zeiten noch ein Alternativweg (☞ Wegvariante zum Arctic Circle Trail) bestanden hat, der weiter südlich verläuft, konnte von hier aus ein kurzer Abstecher nach Sarfannguit unternommen werden. Weil der Hauptweg des Arctic Circle Trails nun aber wesentlich weiter nördlich verläuft, kann von dem Abstecher abgeraten werden. Nur wenn Sie sich dazu entscheiden sollten (z.B. aus Verletzungs- oder Erschöpfungsgründen), sich mit dem Boot von Sarfannguit nach Sisimiut befördern zu lassen, kann der Weg nach Sarfannguit empfohlen werden.

Eine relativ problemlose Möglichkeit, Sarfannguit zu erreichen, besteht darin, dass Sie den **Arctic Circle Trail** auf Höhe des großen Sees östlich des Kangerluarsuk Tulleq verlassen (☞ 10. Etappe).

Sie wählen den auf der Karte empfohlenen, aber nicht markierten Wanderweg nach Süden und passieren einen auf der Hochebene gelegenen See auf der südlichen Seite.

✋ Das Ufer ist ein einziges Geröllfeld, sehr unbequem zu begehen und insbesondere bei Nässe sehr verletzungsgefährdend. Sie verlassen das Ufer steil nach Süden hin und können von der folgenden Hochebene schon direkt auf den großen See zur Linken (nach Osten) blicken, an dessen Ufer Sie nach einer schwierigen, da besonders matschigen und absolut weglosen Strecke von etwa 1 Stunde gelangen. Am See stoßen Sie auf einen Trampelpfad, der direkt bis zu einer Privathütte am Fjord Utoqqat führt. Hinter der Hütte überqueren Sie einen kleinen Bach, der in den Fjord mündet, und wandern nach Süden weiter bis zur nächsten Hütte oder direkt bis zum Fjord. Von dort können Sie sich mit Rufen, Schwenken der Wanderstöcke oder bunter Kleidung für die passierenden Fischerboote bemerkbar machen. Diese werden Sie, sofern sie Sie sehen, mit großer Sicherheit nach Sarfannguit oder Sisimiut bringen können. Vergessen Sie bitte nicht, die einheimischen Fischer für die Mühen (immerhin unterbrechen sie ihre Fischroute oder Arbeit für Sie) angemessen (DKK 150-200) zu entlohnen.

Meiden Sie auf jeden Fall den Weg, der auf der Karte direkt am Fjord entlang nach Safannguaq führen soll. Dieser ist nicht vorhanden bzw. so steil, dass die Begehung Sie in Lebensgefahr bringen kann.

Alternativ können Sie nach der ersten Hütte am Fjord Utoqqat nach Osten in das Fjäll aufsteigen und dort vorbei an einigen kleinen Seen und einem Feuchtgebiet den Weg nach Sarfannguit fortsetzen. Am gegenüberliegenden Ufer von Sarfannguit machen Sie sich wieder bemerkbar, und gegen einen kleinen Obulus von etwa DKK 50 wird Sie einer der freundlichen Einwohner mit dem Schiff nach Sarfannguit transportieren.

Dieser Weg ist von der Orientierung sehr schwierig und bringt etliche Höhenmeter mit sich, so dass nur sehr erfahrene Trekker diese Variante in Betracht ziehen sollten.

Von Sarfannguit aus besteht die Möglichkeit, sich mit einem privaten Boot nach Verhandlung mit dem Kapitän oder mit einem der regelmäßig verkehrenden Boote der KNI, die den Shop in Sarfannguit beliefern, nach Sisimiut transportieren zu lassen.

Sisimiut ist über den Amerloq Fjord mit Sarfannguit verbunden, das 43 km östlich von Grönlands zweitgrößter Stadt liegt. Den Bootstransfer von Sisimiut aus können Sie über das Reisebüro Greenland Travel in Sisimiut (☞ Sisimiut: Reisebüro) organisieren. Der Preis liegt bei etwa DKK 205 für einen Weg.

Die einzige Übernachtungsmöglichkeit in **Sarfannguit** ist für Besucher die Unterbringung in der örtlichen Schule, die im Sommer als Jugendherberge genutzt wird. Den Kontakt können Sie über den Schuldirektor herstellen:

- ☏ 002 99/86 95 10, FAX 002 99/86 95 20
- Ein weiterer Ansprechpartner ist der Ortsvorsteher Pitaaraq Fleischer, Agutsisut allaffiat, Sarfannguit DK-3911 Sisimiut, ☏ 002 99/86 95 15, FAX 002 99/86 95 15, pifl@sisimiut.gl. Er organisiert auch Kaffeetreffen, die sogenannten kaffemiks, mit Einheimischen.

In der folgenden Stunde werden Sie sich am Ufer des Sees (zur Rechten) halten. Der Wanderweg verliert sich leider immer wieder und es sind einige Bäche zu überqueren. Der schöne Blick auf Sandstrand und See entschädigt jedoch für die eine oder andere Anstrengung.

Am Seeufer befinden sich zahlreiche, wunderschöne Zeltgelegenheiten. Ihren Aufenthalt an diesem idyllischen See können Sie bei schönem Wetter durch ein kurzes Bad im (zugegeben sehr kalten) See krönen.

Darüber hinaus beherbergt der See eine große Anzahl von Arktischen Saiblingen, die sich insbesondere unterhalb der Bacheinläufe aufhalten. Hier finden Sie erstklassige Angelmöglichkeiten.

Vom See aus können Sie zur Linken (südwestlich) ein Steinmännchen sehen, das Ihnen den Weg weist. Sie verlassen das Seeufer und folgen dem Bachlauf hinauf Richtung Quelle. Sobald Sie an die Bachverzweigung kommen, orientieren Sie sich am rechten Bachverlauf. Nach einigen Minuten taucht ein Steinmännchen auf, das Sie auf die ebene Fläche nach Westen führt.

Von hier aus geht es auf einem gut erkennbaren Pfad von Steinmännchen zu Steinmännchen weiter, bis Sie die Hütte oberhalb des Fjords erkennen können. Erfahrungsgemäß zieht sich das letzte Stück dieser Etappe etwas, was nicht zuletzt an den teils sehr unwegsamen Feuchtwiesen liegt. N 66°58,824' W 053°15,086'

Die Hütte bietet 4 Schlafplätze, eine Kochnische (ohne Kocher), eine Bank und einen Tisch. Die eigentliche Attraktion dieser Hütte ist jedoch der fantastische Blick auf den **Fjord Kangerluarsuk Tulleq**.

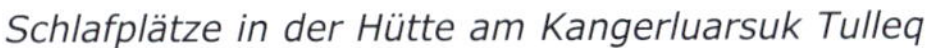

Schlafplätze in der Hütte am Kangerluarsuk Tulleq

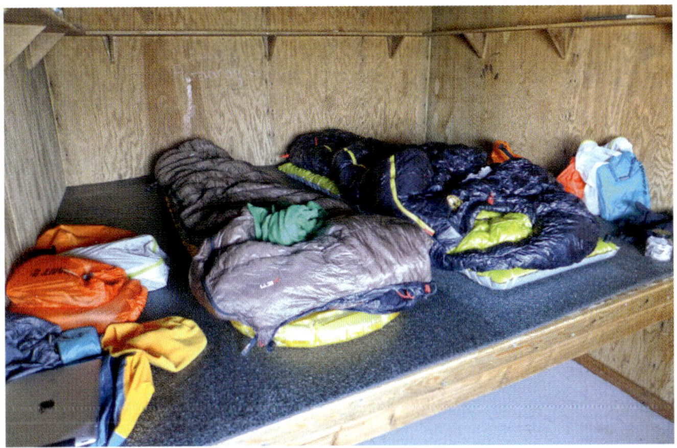

An der Hütte befindet sich keine direkte Möglichkeit, Wasser zu holen. Der letzte (auch in trockenen Sommern) wasserführende Bach liegt etwa 300 m vor der Hütte oder hinter der Hütte, ca. 200 m dem Pfad in Richtung Sisimiut folgend.

11. Etappe: Hütte am Fjord Kangerluarsuk Tulleq - Sisimiut

➲ *ca. 22,5 km,* ⌛ *8 Std.,* ⇧ *597 m,* ⇩ *658 m, mittelschwere Etappe*

Von der Hütte aus steuern Sie auf das oberhalb der Hütte stehende Steinmännchen zu. Sie laufen auf einem z.T. sehr gut ausgetretenen Trampelpfad oberhalb des Fjords entlang, auf den Sie bei klarer Sicht einen wunderschönen Blick haben.

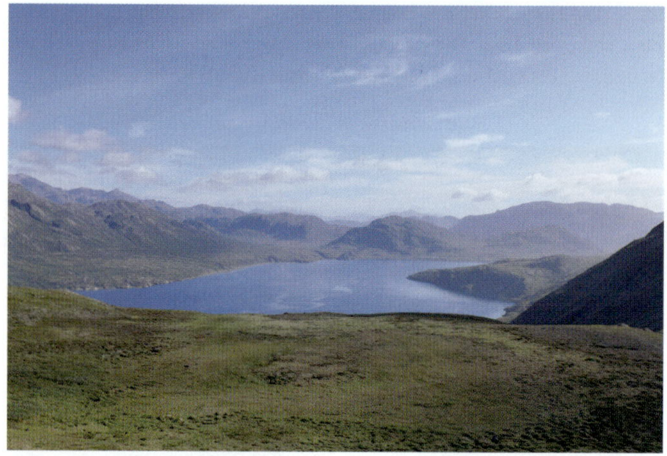

Blick über Kangerluarsuk Tulleq

Nach 1 guten Stunde steigt der Weg nach Südwesten hin an, und Sie verlassen den Fjord. Sie folgen den Steinmännchen und dem gut erkennbaren Pfad den Berg hinauf. Es erwartet Sie ein ca. 1-2 Std. langer, relativ steiler Anstieg, bis Sie zur Linken ein kleines vermeintliches Hüttchen entdecken, das nicht auf der Karte verzeichnet ist. Es handelt sich um ein ausgesprochen sauberes Klohäuschen inklusive Entsorgungsmöglichkeit. 🌐 N 66°58,548' W 053°557'

In der näheren Umgebung finden sich zahlreiche ebene Zeltgelegenheiten.

Es folgt nochmal ein kurzer Aufstieg, bis Sie dem gut sichtbaren Weg vorbei an wunderschönen, kristallklaren Seen und Flüssen folgen.

⌂ Zu Ihrer Linken taucht nach etwa 1 Stunde die Hütte des **Sisimiuter Schneescooter Vereins** auf. Sie ist offen und kann als Notunterkunft genutzt werden. Sie enthält keine Pritschen, sondern nur Sitzgelegenheiten. Der Raum bietet aber genügend Grundfläche, um sich bei Bedarf vor Schlechtwetter schützen und dort einen Schlafplatz auf dem Boden einrichten zu können. 🌐 N 66°58,196' W 053°21,184'

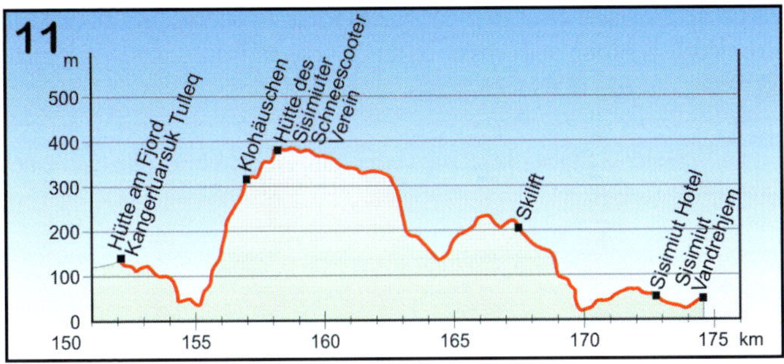

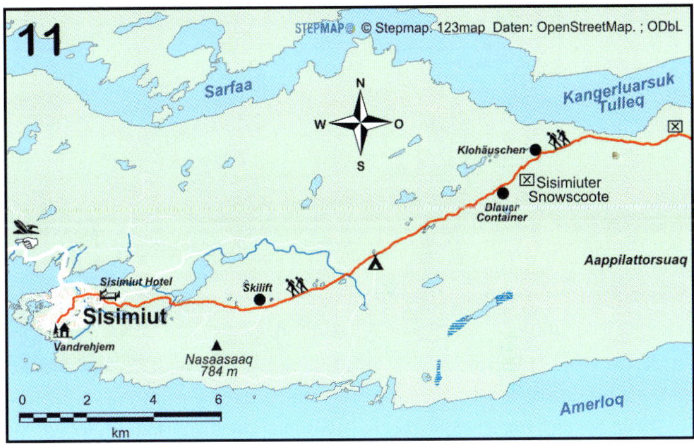

Nach 2-3 Stunden haben Sie das Ende des Fjälls erreicht, und es eröffnet sich Ihnen ein fantastischer Blick in ein beeindruckendes Tal, das zur Linken (Westen) durch das gewaltige Massiv des Nasaasaaq (Kællingehætten) begrenzt wird.

☺ Bei gutem Wetter und guter Sicht lohnt es sich, hier am Ende des Fjälls noch einmal zu nächtigen, um sich den Sonnenuntergang im Westen anschauen zu können.

Da im Fjäll nicht allzu viele ebene Zeltplätze zu finden sind, müssen Sie sich möglicherweise mit einem leicht geneigten Platz zufrieden geben. 🌐 N 66°57,162' W 053°26,523'

Ein schöner Zeltplatz liegt zur Linken des Weges etwas oberhalb eines kleinen Wasserfalls.

Die letzten Kilometer vor Sisimiut

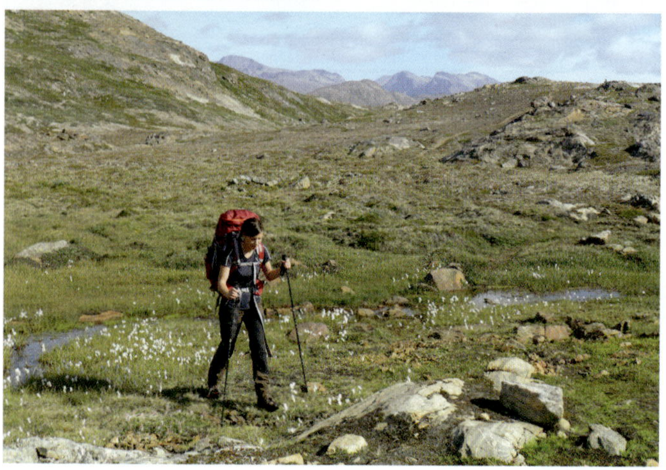

Wenn Sie sich entscheiden, bis nach Sisimiut durchzuwandern, folgen Sie dem Weg, der bergab ins Tal führt. Nach etwa 30 Minuten haben Sie das Tal erreicht und müssen wenig später einen Bach durchqueren. Bei normalem Wasserstand finden Sie etwas flussaufwärts gute Gelegenheiten, den Fluss durch „Steinehüpfen" trockenen Fußes zu überqueren.

Anschließend folgen Sie dem Bach, der zu Ihrer Linken (südlich) unterhalb des Nasaasaaq (Kællingehætten) fließt. Die Steinmännchen stehen hier zwar weit auseinander, der Pfad ist jedoch gut erkennbar und ermöglicht eine problemlose Orientierung.

Nach 1 ½-2 Stunden haben Sie das Talende erreicht und können den in der Karte verzeichneten **Skilift** erkennen.

Sie orientieren sich weiter an dem nun gut erkennbaren und ausgetretenen Pfad. Nach weiteren 15 Minuten und zwei problemlosen Bachüberquerungen eröffnet sich Ihnen zum ersten Mal der Blick auf die bunten Häuser der Fischerstadt Sisimiut.

Nach etwa 30 Minuten überqueren Sie noch einmal ein kleines Geröllfeld. Sie folgen dem Weg, der über eine kleine Brücke führt. Sie nehmen den nach links abbiegenden Pfad (und nicht die Schotterpiste zur Rechten). 10 Minuten später stoßen Sie auf einen Weg, der Sie auf die Hauptstraße **Sisimiuts** führt. Hier sehen Sie die ersten Trockenfischgestelle und hören das ohrenbetäubende und scheinbar niemals nachlassende Geheul der Schlittenhunde. Sie haben es geschafft.

Die ersten Schlittenhunde kommen in Sicht

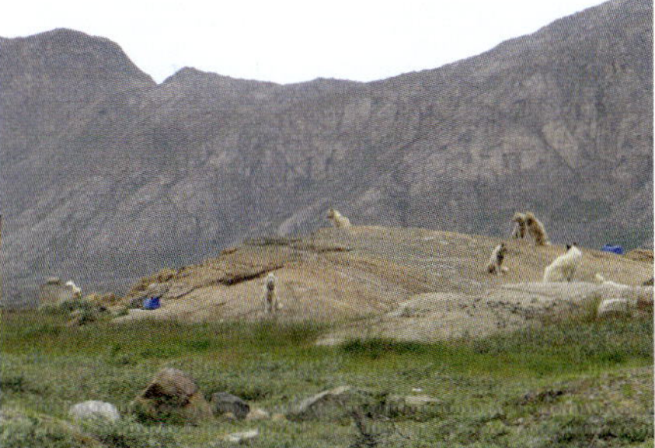

Sisimiut

Die „Siedlung an den Fuchslöchern", was Sisimiut übersetzt bedeutet, ist mit etwa 5.600 Einwohnern die zweitgrößte Stadt Grönlands.

Bis Ende 2008 war Sisimiut die Hauptstadt der gleichnamigen Kommune, zu der neben der Stadt selbst auch noch die drei Siedlungen Sarfannguit (124 Einwohner), Itilleq (112 Einwohner) und Kangerlussuaq (513 Einwohner) gehörten. Am 1. Januar 2009 wurde die damals rund 6.000 Einwohner umfassende Kommune mit der Gemeinde Maniitsoq zur Großkommune Qeqqata (9.638 Einwohner) zusammengefasst. Der Sitz der Kommunalverwaltung der 115.500 km² umfassenden Kommune liegt weiterhin in Sisimiut.

Der Großteil der dort lebenden Menschen ist im Bereich der Fischerei tätig. Viele große Kutter und Trawler haben ihren Heimathafen in der Stadt. Royal Greenland hat in Sisimiut die größte Fischfabrik Grönlands, die gleichzeitig eine der modernsten der Welt ist.

Sisimiut ist das Zentrum der Shrimpfischerei in Grönland, und viele **Shrimps**, die weltweit verzehrt werden, kommen hierher. Darüber hinaus werden vor allem **Heilbutt**, **Lachs**, **Dorsch**, **Krabben**, **Robben**, **Walrosse** und je nach Quote **Wale** gefangen. Neben der Fischerei werden an Land das ganze Jahr über Rentiere und Moschusochsen gejagt, die auf dem lokalen Markt angeboten, von Royal Greenland verarbeitet oder im eigenen Haushalt verzehrt werden.

Die ersten Hinweise auf menschliche Tätigkeiten in der Kommune Sisimiut stammen aus der **Saqqaqkultur**. Sie sind 4.500 Jahre alt. Die **Saqqaqkultur** lebte 1.800 Jahre lang in Grönland.

Anschließend wurde das Land von der **Dorsetkultur** besiedelt, die sich in zwei Perioden gliedern lässt. Es finden sich jedoch nur Spuren der **Dorset I Kultur** (600 v.Chr.-200 n.Chr.). Die Vorfahren der derzeitigen Bewohner Sisimiuts, die Angehörigen der **Thulekultur**, besiedelten das Land etwa im 11. bis 12. Jahrhundert nach Christus (☞ Land und Leute: Geschichte).

Ebenso wie die früheren Einwanderer kamen sie aus Nordamerika. Die wirtschaftliche Grundlage stellten der Walfang, der Robbenfang sowie die Rentierjagd dar. Dabei spielte insbesondere die Robbenjagd eine wichtige Rolle für das Überleben in der arktischen Natur. Neben dem nahrhaften Fleisch lieferte die Robbe Fell für die Herstellung von Kleidung sowie zur Herstellung von Kajaks und Umiaks, den traditionellen Frauenbooten. Und schließlich wurden mit dem Fett der Robben Lampen betrieben, die nicht nur Licht spendeten, sondern auch für Wärme sorgten.

Die Kolonisation Grönlands und damit auch Sisimiuts durch die Dänen begann mit der Ankunft des dänischen Missionars Hans Egede im Jahr 1721.

Nachdem es um das Jahr 1730 einige vergebliche Versuche gegeben hatte, Walfängerstationen in dem Distrikt aufzubauen, wurde 1756 die Kolonie Sydbay auf der Insel Ukiivik an der Mündung des Isortoq Fjords errichtet. Hier hatten schon die holländischen Walfänger Zuflucht gesucht. Später benannte man den Ort in Holsteinborg um. Es zeigte sich jedoch sehr schnell, dass der Ort für eine Kolonie ungeeignet war.

1759 wurde ein Missionshaus an der Walfängerstation Asummiut errichtet, und 1764 wurde die Kolonie Holsteinborg in das heutige Sisimiut verlegt. Mit der Verlegung des Missionshauses nach Sisimiut wurde die Kolonie an einem Ort vereint (☞ Land und Leute: Geschichte).

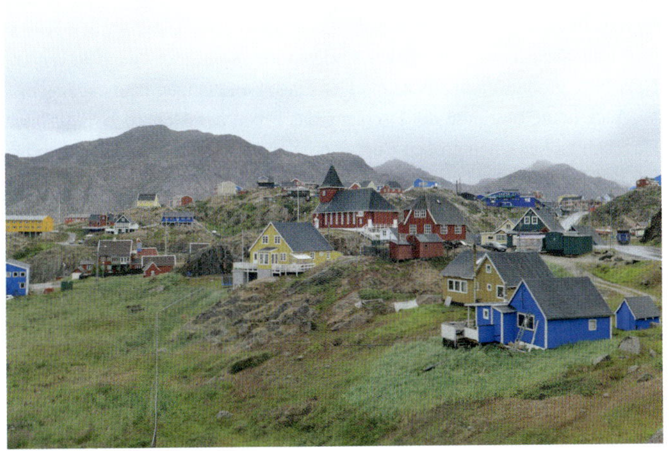

Sisimiut

Heute wird das Missionshaus von der Touristeninformation genutzt und bildet einen zentralen Bestandteil der „Altstadt" Sisimiuts. Neben dem Missionshaus sind weitere Häuser aus der Zeit der Kolonialisierung erhalten, die heute das Museum Sisimiuts bilden. Hierzu zählt auch „Die blaue Kirche", deren Bau 1773 begonnen wurde und die 1775 eingeweiht wurde.

Die Kolonialisierung Grönlands brachte natürlich auch viele Probleme mit sich. So wurde die Westküste Grönlands 1801 von einer verheerenden Pockenepidemie heimgesucht. Ein großer Teil der Bevölkerung Sisimiuts fiel dieser Epidemie zum Opfer, doch aufgrund der hervorragenden Jagd- und Fischereigründe wurde die Region schnell wieder besiedelt.

Die wirtschaftliche Grundlage der Region stellte zunächst der Walfang dar. Als gegen Ende des 18. Jahrhunderts aber die Glattwale verschwanden, rückte der Export von Robbenspeck und Robbenfellen sowie von getrocknetem und gesalzenem Fisch in den Vordergrund.

1924 wurden eine Konservenfabrik und 1931 die erste Schiffswerft Grönlands in Sisimiut errichtet. Dennoch ging die Entwicklung der Stadt bis zum Ende des Zweiten Weltkriegs nur schleppend voran.

Seit 1960 hat sich die Einwohnerzahl Sisimiuts beinahe verdreifacht. Die Folgen der zunehmenden Bevölkerungsdichte in Grönland sind auch in Sisimiut nicht zu übersehen. Folgen Sie der Aqqusinersuaq, der großen Haupt- und Geschäftsstraße, vom Hafen landeinwärts, so stoßen Sie bald auf die typischen, großen Wohnblöcke mit vier Etagen und langen Laubengängen.

Auch heute bestimmt der Fischfang das Leben der Menschen in Sisimiut. Daneben gibt es einen großen Containerhafen, der von großen Überseeschiffen der Royal Arctic Line angelaufen wird. Ein großer Vorteil ist, dass der Hafen während des ganzen Jahres eisfrei ist, sodass auch im Winter Schiffe anlegen können. Verantwortlich für den auch im Winter eisfreien Hafen ist der Golfstrom.

1977 wurde Grönlands Ausbildungszentrum für Bauhandwerker und Schiffszimmerleute in Sisimiut gegründet. Seit 1990 ist das Zentrum stetig erweitert worden, sodass heute auch eine Bauarbeiter- und Technikerausbildung angeboten wird. Zudem ist eine gymnasiale Ausbildung (technisches Abitur) möglich, und es kann der erste Teil der Diplomingenieursausbildung innerhalb arktischer Spezialbereiche absolviert werden. Seit ein paar Jahren werden in enger Zusammenarbeit mit Dänemarks Technischer Universität Forschungsaufgaben wahrgenommen.

Neben dem Ausbildungszentrum hat das Sprachzentrum Grönlands seinen Sitz in Sisimiut.

Zu guter Letzt sollen auch die zwei Volkshochschulen Erwähnung finden. Die 1967 gegründete Frauen-Volkshochschule fördert das traditionelle weibliche Handwerk wie die Verarbeitung von Fellen und Stickereien, und die Knud Rasmussen Volkshochschule beschäftigt sich mit der Geschichte und Kultur Grönlands.

Dies zeigt, dass Sisimiut viel mehr ist als eine reine Fischindustriestadt, Sisimiut ist auch eine Ausbildungsstadt.

Übernachtungsmöglichkeiten

In der Nähe des alten Heliports befindet sich das Hotel Sisimiut. Es hat einen hohen Standard und ist für grönländische Verhältnisse sehr modern. Alle Zimmer sind mit Dusche und WC, Fernseher und Telefon ausgestattet. Dementsprechend hoch sind auch die Übernachtungspreise.

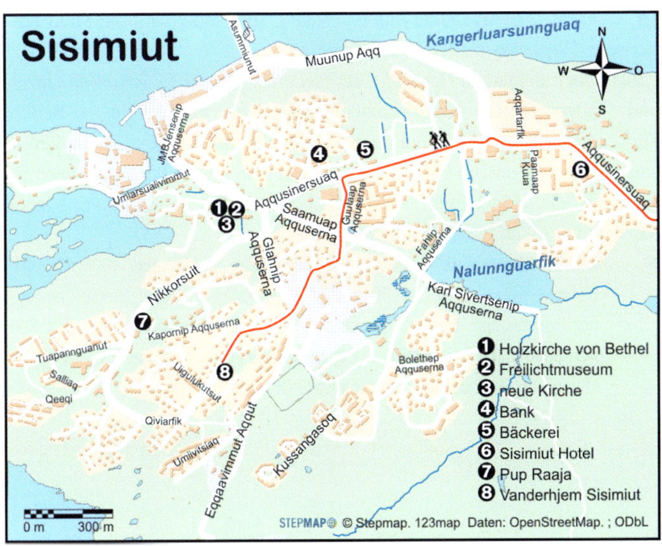

♦ **Hotel Sisimiut**, Aqqusinersuaq 86, PO Box 70, DK-3911 Sisimiut, ☏ 86 48 40, FAX 86 56 15, ✉ mail@hotelsisimiut.gl, 💻 hotelsisimiut.com, Preise inkl. Frühstück: Einzelzimmer ca. DKK 1.200, Doppelzimmer ca. DKK 1.500

Eine weitere Übernachtungsmöglichkeit gehobener Qualität bietet das **Sømandshjemmet (Seemannsheim)**. Es liegt in der Nähe des Hafens am Rande des alten Kolonialviertels. Der Standard ist auch hier sehr gut. Alle 30 Zimmer sind mit TV, W-LAN Hotspot und eigenem Bad/WC ausgestattet. In der zugehörigen Cafeteria gibt es von Montag bis Samstag zwischen 6:00 und 22:00 bzw. sonntags zwischen 7:00 und 22:00 ein großes Frühstücksbuffet gefolgt von einem Kuchenbuffet, Tagesmenüs und einer großen Auswahl an Sandwiches und Snacks.

♦ **Sømandshjemmet**, Frederik den IX's Plads 5, PO Box 1015, DK-3911 Sisimiut, ☏ 86 41 50, FAX 86 57 91, ✉ sisimiut@soemandshjem.gl, 💻 www.soemandshjem.gl, Preise inkl. Frühstück: Einzelzimmer DKK 930, Doppelzimmer DKK 1.270

In der Zeit von Ende Mai bis Anfang September wird die **Knud Rasmussens Højskolea** als **Jugendherberge** genutzt. Die Volkshochschule liegt direkt neben dem alten Heliport. Hier stehen insgesamt 52 Betten in Einzel- und Doppelzimmern sowie saubere Apartments mit 2 oder 4 Betten, Küchenzeile, Bad und Wohnraum zur Verfügung. Im Aufenthaltsraum gibt es einen Fernseher, und im Eingangsbereich steht ein Kickertisch. Hier haben Sie außerdem die Möglichkeit, Wäsche zu waschen. Bei Vorbestellung können Sie auch am Essen in der Schule teilnehmen.

♦ **Knud Rasmussens Højskolea**, Aqqusinersuaq 99, PO Box 1008, DK-3911 Sisimiut, ☏ 86 40 32, FAX 86 49 07, ✉ knud@greennet.gl, Preise (mit eigener Dusche und Toilette): Einzelzimmer DKK 500, Doppelzimmer DKK 750, Apartment mit 2 Betten DKK 1.000, alle Preise inklusive Frühstück.
Mittag- und Abendessen sind für jeweils DKK 70 erhältlich.

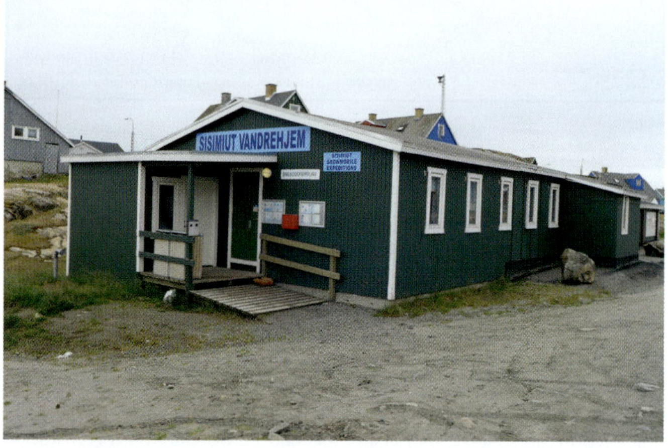

Sisimiut Vandrehjem

Ein sehr gutes Preis-Leistungs-Verhältnis bietet das Sisimiut Vandrehjem. Das Hostel bietet 7 Doppelzimmer mit Doppelstockbetten, 1 Zimmer mit Doppelstockbetten für 4 Personen und 3 Doppelzimmer mit normalem Bett, Schreibtisch und mehr Platz. Die große Küche ist mit Wasserkochern,

2 großen Kühlschränken, Geschirr und allem, was die Gäste zurücklassen (Tee, Nudeln, Reis, Müsli ...), ausgestattet. Direkt daneben befindet sich ein kleiner Gemeinschaftsraum mit mehreren Tischgruppen und einem Schreibtisch inkl. PC mit Internetzugang (den PIN erhält man für DKK 25/30 Min. vom Betreiber des Hostels). Gegen eine Gebühr von DKK 40 darf man Waschmaschine und Trockner nutzen.

Das Vandrehjem organisiert zudem einige interessante Exkursionen, Schneemobiltouren, Bootstouren und Fishing-Trips zu angemessenen Preisen. Bezahlt wird bei Ankunft in bar oder mit dänischer Kreditkarte.

♦ **Sisimiut Vandrehjem**, Kaalikassap Aqq 25, PO Box 270, DK-3911 Sisimiut, ☏ 52 25 14 (Erik Lonholt-Beck, erreichbar von 16:00 bis 22:00), sisvandh@greennet.gl, Preise pro Person ohne Leihgebühr für Kissen, Decke und Laken: Doppelstockbett-Zimmer DKK 175, Doppelzimmer mit Doppelbett und Wäsche DKK 550; Flughafentransfer: DKK 75

Der kostenlose Campingplatz in Sisimiut liegt ca. 500 m hinter dem alten Heliport. Auf dem Gelände steht ein Container mit WC und Waschgelegenheit. Wasser entnimmt man dem Fluss, der etwas unterhalb des Platzes vorbeifließt.

Obwohl im Fluss die Spuren der Zivilisation (Autoreifen etc.) nicht zu übersehen sind, ist das Wasser trinkbar.

Essen und Trinken

In Sisimiut gibt es verschiedene **Restaurants**. Im „Nasaasaaq" direkt am Hotel Sisimiut gibt es sehr gutes Essen, das aber seinen Preis hat. Insbesondere der sonntägliche Brunch hat einen legendären Ruf und wird auch von Einheimischen gut besucht. Am Hafen, in der J.M. Jensenip Aqqueserna, befindet sich das Misigsaq - ein Thai Restaurant, in welchem grönländische Zutaten auf asiatische Art und Weise zubereitet werden.

Zum Seemannsheim gehört eine **Cafeteria**, in der Sie morgens recht günstig frühstücken können, mittags und abends warme Mahlzeiten bekommen und nachmittags recht günstig Kaffee trinken können.

Außerdem gibt es in Sisimiut zwei Grillbars, die das übliche Fast Food Angebot haben, sowie ein Billiardcafé, in dem Sie auch Pizza essen können und welches am Wochenende zur Disko wird.

Wer einmal in den Genuss einer traditionell grönländischen Mahlzeit kommen möchte, kann sich über das Tourismusbüro ein Abendessen bei einer grönländischen Familie vermitteln lassen. Die Kosten liegen bei etwa DKK 280.

☺ Unser Tipp ist die **Konditorei** (Tiggaliorfik) wenige Meter abseits der Hauptstraße. Es ist eines der wenigen Nichtraucherlokale der Stadt. Hier gibt es günstigen Kaffee, und es werden neben frischen Backwaren auch belegte Brötchen und Baguettes angeboten.

Der Pub Raaja und das Cafe Kukkukooq sind reine **Kneipen**, in denen gerade am Wochenende reger Betrieb herrscht.

- Hotel Sisimiut, Adresse s.o.
- Sømandshjemmet, Adresse s.o.
- Restaurant Tugto, Aqqusinersuaq, ☏ 86 48 89
- Restaurant Nasaasaaq, Aqqusinersuaq, ☏ 86 48 40

Pub Raaja

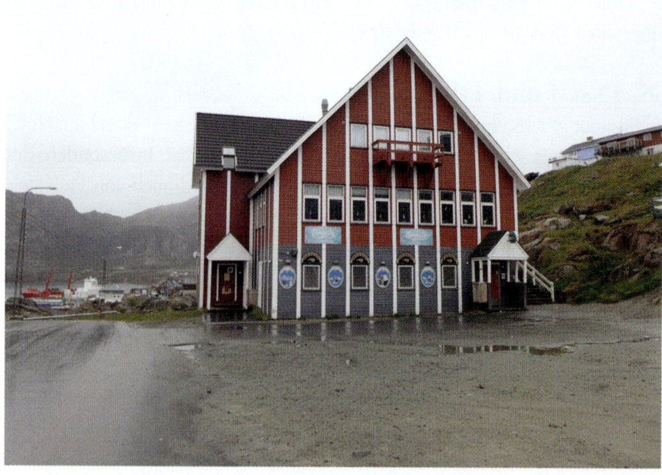

Internet

In der Bibliothek haben Sie bei Voranmeldung die Möglichkeit, einen der beiden Computer mit Internetzugang eine halbe Stunde lang kostenlos zu nutzen.

Mo-Do 10:00-12:00 u. 13:00-17:00, Fr-So geschlossen

Einkaufen

Für grönländische Verhältnisse ist Sisimiut eine Großstadt. Die Einkaufsmöglichkeiten sind dementsprechend vielfältig. Es gibt drei große Supermärkte (KNI Pissifik, Brugsen und Spar, wobei Spar mit insgesamt 3 Filialen vertreten ist - eine davon in 5 Min. vom Vandrehjem aus erreichbar), die alle an der Haupteinkaufsstraße Aqqusinersuaq liegen. Zudem gibt es zahlreiche, teilweise große Kioske.

Neben den Dingen für das tägliche Leben bekommen Sie in Sisimiut auch Unterhaltungselektronik, Fotozubehör und Möbel. Bei Torrak oder Sisu Sport an der Kaaleeqqap Aqq. werden außerdem Trekkingartikel angeboten.

Souvenirs von T-Shirts bis hin zu traditionellem grönländischem Schmuck werden in verschiedenen Läden angeboten. Achten Sie beim Kauf bestimmter Produkte auf den CITES-Nachweis (☞ Reise-Infos von A bis Z: CITES-Nachweis).

- Butik Kuttuana, Aqqusinersuaq 54, ☏ 86 66 52
- „Qiviut", Jukkorsuup Aqq. 1, ☏ 86 42 90
- Skindsystuen „panigiit", Jaakunnguup Aqq. 19, ☏ 86 55 75
- Skindsistuen „Nutseq", Paamaap Kuua 11, ☏ 86 43 55
- Kontor & Data, Itukkup Aqq. 10, ☏ 86 46 99
- Hotel Sisimiut, Adresse s.o.
- Sømandshjemmet, Adresse s.o.

Reisebüro

Wer den Rückflug von Sisimiut nach Kangerlussuaq noch nicht gebucht hat oder wer beispielsweise mit dem Schiff von Sisimiut weiterreisen möchte, findet bei Greenland Travel die richtigen Ansprechpartner. Das Reisebüro befindet sich im Gebäude der Grønlandsbanken.

- Greenland Travel, PO Box 329, DK-3911 Sisimiut, ☏ 86 75 30,
  sisimiut@grb.gl

Flughafen

Der Flughafen von Sisimiut kann bei schlechtem Wetter nicht angeflogen werden. Stellen Sie sich bei Nebel und widrigen Wetterbedingungen auf Verzögerungen bei der An- und Abreise ein. Anschlussflüge sollten zeitlich nicht zu knapp gelegt werden.

Ein Flughafentransfer kann über die Touristeninformation organisiert werden und kostet etwa DKK 25 pro Person. Bedingung ist, dass sich ausreichend Personen zusammenschließen. Für eine Person wird sich der Service nicht rentieren. Alternativ kann man natürlich eines der zahlreichen Taxis nehmen. Die Kosten liegen bei etwa DKK 150. Der Fußweg kann eine gute Stunde dauern. Es gibt leider keine Busverbindung.

Information

Die **Touristeninformation** in Sisimiut befindet sich direkt auf dem Gelände des Museums in einem Gebäude aus der Kolonialzeit. Sie ist ganzjährig täglich außer sonntags geöffnet. Die Mitarbeiter sind sehr freundlich und hilfsbereit. Hier bekommen Sie Wanderkarten für den Arctic Circle Trail und weitere Wanderungen in der Region, Postkarten und Briefmarken. Im Gegensatz zur Touristeninformation in Kangerlussuaq werden von Sisimiut Tourist Information keine Veranstaltungen und Ausflüge angeboten. Hierfür stehen einzelne Veranstalter wie Arctic Circle Tours und Inuit Outfitting sowie sogenannte Outfitter bereit, u.a. Johanne Bech, die den Arctic Circle Trail mit Steinmännchen markiert hat.

- Sisimiut Tourist Information, PO Box 65, DK-3911 Sisimiut, ☎ 86 48 48, FAX 86 56 22, info@info-sisimiut.gl
- Inuit Outfitting, Hundeschlittentouren, Expeditionen, Bootsfahrten, Trophäenjagd, Moschusochsenbeobachtung und Gruppenarrangements, PO Box 135, DK-3911 Sisimiut, ☎ 86 53 67 o. 86 63 33, 52 66 68, ingemann.m.m@greennet.gl
- Outfitter Johanne Bech, Hundeschlittentouren und Wanderungen, Kunuuteralaap Aqq. 4, DK-3911 Sisimiut, ☎ 86 46 24, FAX 86 54 84, jboutfitter@greennet.gl
- Outfitter Marius Olsen, Hundeschlittentouren, Wandertouren und Angeltouren, Kunuuteralaap Aqq. 6, DK-3911 Sisimiut, ☎ 86 45 45, FAX 86 50 45, narralak@greennet.gl

- ♦ Arctic Dive Service, Tauchen und Boottrips, PO Box 32, DK-3911 Sisimiut, ☏ 52 76 16, FAX 86 39 95, info@arcticdive.com
- ♦ OutDoor Adventure of Greenland, Kanu, Kajak, Hundeschlittentouren, Helikopter, PO Box 336, DK-3911 Sisimiut, ☏ 86 64 05, FAX 86 84 05, outdoor-adventure@greennet.gl

Aktivitäten in und um Sisimiut

⌘ Die kulturelle Attraktion Sisimiuts ist sicherlich das alte Kolonialviertel mit dem Museum als Zentrum und Höhepunkt. Bereits am Hafen liegen einige steinerne Lagerhäuser. Folgen Sie der Hauptstraße Richtung Zentrum bergauf, so liegt auf halber Strecke zur Linken ein Fachwerkhaus, das sogenannte „**Halbwegshaus**" (Halvvejshuset), das zur Lagerung von Vorräten diente. Es wurde 1844 erbaut und beherbergt heute eine Ausstellung über die Seefahrt Grönlands, z.B. die Reste eines der ältesten Kajaks Grönlands und Beispiele dafür, was die Bootswerft in Sisimiut gebaut hat.

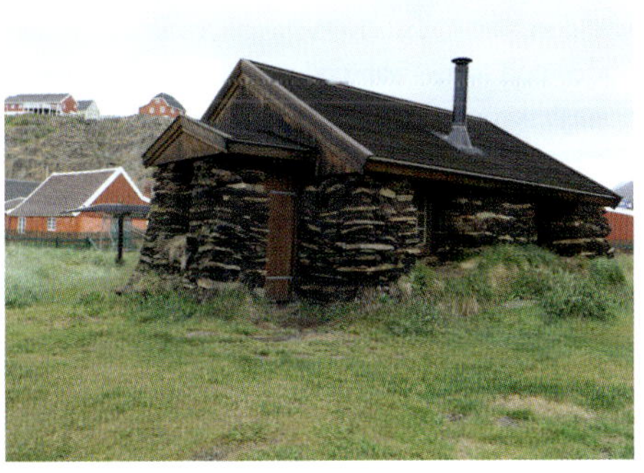

Torfgebäude

Zur Rechten befindet sich das Museum. Sie betreten den Museumshof durch einen Bogen aus Walfischkiefern. Das Museum besteht aus einer Ansammlung alter Häuser, die jeweils verschiedene Ausstellungen beherbergen. Hier befindet sich auch das Wahrzeichen Sisimiuts, die **Blaue Kirche**. Daneben haben Sie die Möglichkeit, das **Alte Haus** aus dem Jahr 1755 zu besichtigen, sowie die **Wohnung des Siedlungsvorstehers** aus dem Jahre 1846, das **Torfhaus**, eine Rekonstruktion eines grönländischen Hauses aus den Anfangsjahren des 20. Jahrhunderts und den **alten Laden** aus dem Jahr 1825.

- ♦ Museum Sisimiut, PO Box 308, DK-3911 Sisimiut, ☏ 86 25 50, FAX 86 25 59, sismus@greennet.gl, www.museum.gl/sisimiut o. www.culture.gl

Wandermöglichkeiten

Auch in Sisimiut gibt es zahlreiche Möglichkeiten, Tages- und Mehrtageswanderungen zu unternehmen. Der Höhepunkt ist dabei sicherlich die Besteigung des 784 m hohen Nasaasaaq, dänisch Kællingehætten, der „Weiberkapuze“, die das Stadtbild Sisimiuts dominiert. Es gibt jedoch auch einfachere Touren, die mit grandioser Aussicht locken.

Zum Aussichtspunkt an der Südküste

Diese leichte Wanderung führt Sie in etwa 1 Stunde an die südlich von Sisimiut gelegene Küste. Von hier haben Sie einen wunderschönen Blick auf die vorgelagerte Insel Maniitsorsuaq und den Amerloq Fjord.

Ausgehend vom Campingplatz folgen Sie der Straße, die in die Stadt führt. Kurz hinter der **Knud Rasmussen Hochschule** biegen Sie links ab und folgen der Straße, die zum See führt, der mitten in der Stadt liegt. Am Ostufer des Sees beginnt ein Trampelpfad, der auch in der Wanderkarte Sisimiut eingezeichnet ist. Diesem Pfad folgen Sie nun vorbei an kleinen Teichen und durch zeitweise etwas sumpfiges Gelände. Sie wandern stets in Richtung Süden und haben während der gesamten Wanderung den gewaltigen **Kællingehætten** vor Augen. Schließlich verlassen Sie den Pfad und kraxeln auf einen der Felsen, die direkt zur Küste führen. Von hier können Sie die Fischerboote beobachten, die in den Amerloq Fjord in Richtung Sarfannguit fahren. Der Rückweg entspricht dem Hinweg. Dabei ist es lohnenswert, den Pfad nochmals zu verlassen und durch wegloses, aber einfach zu begehendes Gelände zur Westküste vorzustoßen. Von den Hügeln nahe der Stadt haben Sie einen herrlichen Blick auf Sisimiut mit seinen bunten Häusern.

Variante:

Es besteht die Möglichkeit, die Wanderung zum Aussichtspunkt an der Westküste zu einer Zweitagestour zu verlängern.

Sie können dem am See eingeschlagenen Pfad vom Aussichtspunkt weiter folgen. Der „Weg“ führt direkt am Fjord entlang bis zu einem 15 km von Sisimiut entfernt liegenden verlassenen Dorf. Dieses befindet sich allerdings auf einer Insel, so dass es ausschließlich mit dem Boot erreichbar ist. Die Überfahrt kann über Sisimiut Tourist Information (☞ ℹ Information) organisiert werden.

Auf den Gipfel des 784 m hohen Nasaasaaq (Kællingehætten)

Diese anstrengende und anspruchsvolle Tour führt in etwa 3-5 Stunden auf den Gipfel der „Weiberkapuze". Der Abstieg dauert nochmals 2-3 Stunden. Die empfohlene, nicht markierte Route ist auch auf der 1:100.000 Wanderkarte Sisimiut eingezeichnet sowie auf der Rückseite der Karte im Maßstab 1:20.000. Vom Gipfel haben Sie einen unbeschreiblichen Blick über die Gegend mit den umliegenden Bergen, das Fjordsystem, die Stadt und auf das offene Meer in Richtung Kanada.

Viele Besucher bewältigen den Aufstieg nur in Begleitung eines Guides (☞ **i** Information).

Eine der wichtigsten Vorbereitungen auf die Tour ist das Einholen eines Wetterberichts. Häufig verschwindet der Gipfel des Kællingehætten in Wolken und Nebel. Dann wird die Tour zum einen gefährlich und dient zum anderen lediglich der körperlichen Ertüchtigung, da die Sicht gleich Null ist.

Die Tour beginnt am alten Heliport im Osten der Stadt. Von hier folgen Sie dem Teil des **Arctic Circle Trails**, der Sie nach Sisimiut geführt hat. Am großen See, der als Trinkwasserreservoir genutzt wird, verlassen Sie den **Arctic Circle Trail**. Von hier steigen Sie eine Schlucht hinauf. Nach ca. 1,5 Kilometern und nach ca. 250 Höhenmetern halten Sie sich rechts und steigen eine weitere Schlucht hinauf auf eine Erhöhung auf dem Plateau unterhalb des Gipfels. Von hier gibt es eine Route, die über den linken Grat direkt auf den Gipfel führt. Auf dieser Route ist eine etwa 5 Meter hohe, steile Stelle zu bewältigen, die jedoch mit einem Seil abgesichert ist. Von hier geht es dann weiter direkt auf den Gipfel, der mit einem Steinmännchen markiert ist. Der Weg zurück nach Sisimiut entspricht der Aufstiegsroute.

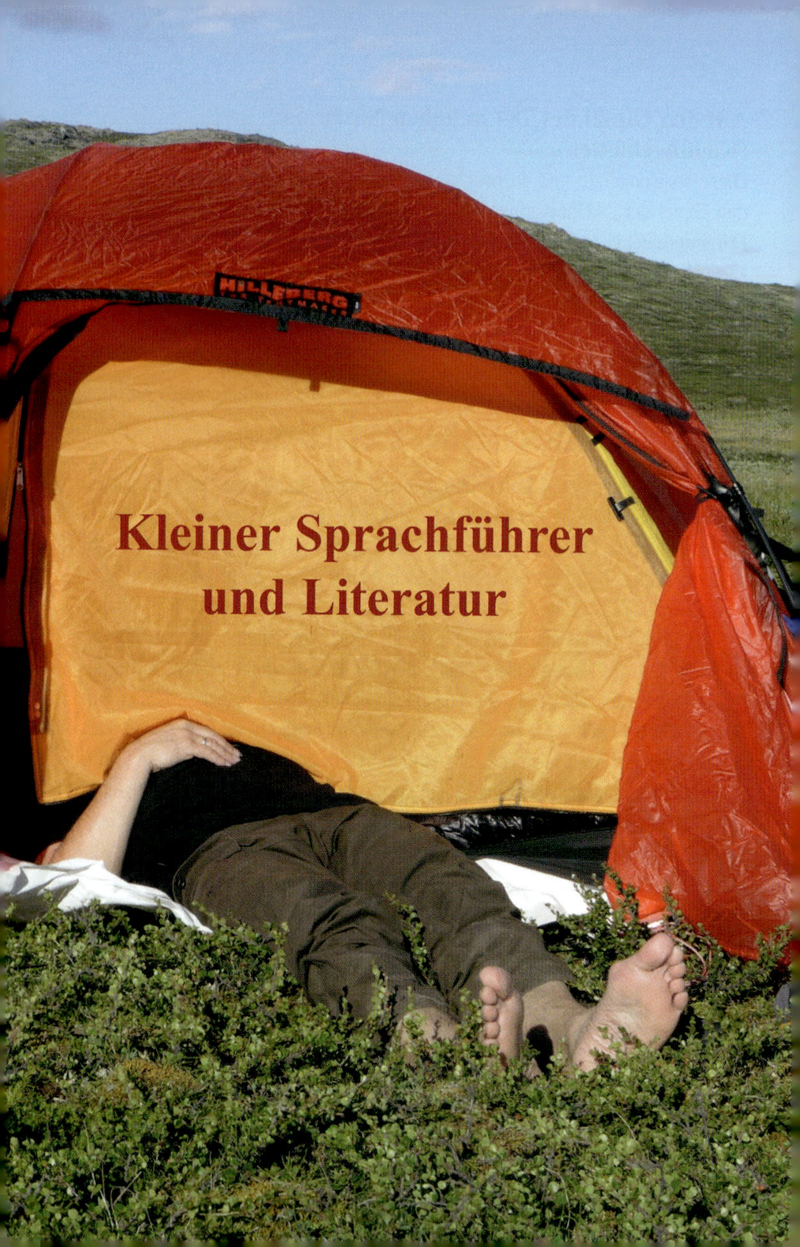

Kleiner Sprachführer und Literatur

Kleiner Sprachführer

Deutsch	Grönlandisch	Dänisch
Höflichkeit		
Guten Tag	Kutaa	Goddag
Auf Wiedersehen	Baaj	Farvel
Danke	Qujanaq	Tak
Vielen Dank	Qujanarsuaq	Mange Tak
Bitte schön	Takanna	Værsgo
Wie geht es dir/Ihnen?	Qanorippit	Hvordan har du det?
Es geht mir gut.	Ajunngilanga.	Jeg har det godt.
Kann ich helfen?	Ikiussavakkit?	Kann jeg hjælpe?
Orientierung		
Wo ist?	... Sumiippa?	Hvor er?
rechts	Talerpik	(til) højre
links	Saamik	(til) venstre
nach links	Saamimmut	til venstre
nach rechts	Talerpimmut	til højre
Nord	Avannaa	nord
Süd	Kujataa	syd
West	Kitaa	vest
Ost	Kangia	øst
zum Hotel	Hotelimut	til hotellet
zum Museum	Katersugaasivimmut	til museet
zum Hafen	Sissamut	til havnen
zum Flughafen	Timmisartoqarfimmut	til lufthavnen
zum Campingplatz	Tutertarfimmut	til campingpladsen
zur Touristeninformation	Turistit allaffiannut	til turistbureauet
zur Polizei	Politeeqarfimmut	til politiet
zur Post	Allakkerivimmut	til postkontoret
zum Krankenhaus	Napparsimavimmut	til sygehuset
zur Kirche	Oqaluffimut	til kirken
Straße	Aqqusineq	gade

Deutsch	Grönlandisch	Dänisch

Einkaufen

einkaufen	Pisiniarneq	købe ind
Geschäft	Pisinarfik	butik
Wie viel kostet es?	Qanoq akeqarpa?	Hvad koster det?
Das ist billig.	Akikiqqoq.	Det er billig.
Das ist teuer.	Akisuvoq.	Det er dyr.
Ich nehme es.	Pisiarerusuppara.	Den/det tager jeg.

Essen und Trinken

grönländisches Essen	Kalaalimernit	grønlandsk mad
Walfleisch	Tikaanguliup neqaa	hvalkød
Robbenfleisch	Puisip	neqaa sælkød
Heilbutt	Qaleralik	hellefisk
Garnelen, Krabben	Raajat	rejer
Muscheln	Uillut	muslinger
Reis	Suaasat	ris
Kartoffeln	Naatitat	kartoffler
Brot	Iffiaq	brød
Gemüse	Naatitat	grønsager
Dessert	Kinguleraq	dessert
Getränk	Imigassaq	drik
Wasser	Imeq	vand
Sprudel	Sodavandi	sodavand
Kaffee	Kaffi	kaffe
Tee	Tii	te

Boots-/Hundeschlittenfahrten

Schiff	Umiarsuaq	skib
Boot	Umiatsiaq	båd
Eisberge	Ilulissat	isbjerge
Robbe	Puisi	sæl
Wal	Tikaanngullik	hval
Vogel	Timmiaq	fugl

Deutsch	Grönlandisch	Dänisch
See	Imaq	sø
Kapitän	Aquttoq	kaptajn
Schlitten	Qamutit	slæde
Hunde	Qimmit	hunde
Ticket	Billettit	billet

Geografische Bezeichnungen

Deutsch	Grönlandisch	Dänisch
Fjord	Kangerluk	fjord
Inlandeis	Sermerssuaq	inlandsis
Insel	Qeqertaq	ø
See	Taseq	sø
Land	Nuna	land
Berg	Qaqaq	bjerg
Gletscher	Sermertaq	gletsjer, bræ
Halbinsel	Qeqertaaminerssua	halvø
Vorgcbirgc	Nuuk	forbjerg
Fluss	Kuuk	elv
Meer	Imaq	hav
Tal	Qooroq	dal

Tiere

Deutsch	Grönlandisch	Dänisch
Eisbär	Nanoq	isbjørn
Rentier	Tuttu	ren(sdyr)
Moschusochse	Ummimaq	Moskusokse
Hase	Ukaleq	hare
Fuchs	Terrianiaq	ræv
Hund	Qimmeq	hund
Adler	Nattoralik	ørn
Moskito	Ippernaq	myg
Dorsch	Uugaq	torsk
Seehund	Puisi	sæl(hund)
Hai	Eqalussuaq	haj
Wal	Arfeq	hval

Deutsch	Grönlandisch	Dänisch

Zahlen

Deutsch	Grönlandisch	Dänisch
eins	Ataaseq	en, et
zwei	Marluk	to
drei	Pingasut	tre
vier	Sisamat	fire
fünf	Tallimat	fem
sechs	Arfinillit	seks
sieben	Arfineq marluk	syv
acht	Arfineq pingasut	otte
neun	Qulaaluat	ni
zehn	Qulit	ti
elf	Aqqanillit	elleve
zwölf	Aqqaneq marluk	tolv

Farben

Deutsch	Grönlandisch	Dänisch
Weiß	Qaqortoq	hvid
Schwarz	Qernertoq	sort
Rot	Aapaluttoq	rød
Grau	Qasersoq	grå
Blau	Tungujortoq	blå
Rosa	Aappaluartoq	rosa
Braun	Sukkulaajusaq	brun
Grün	Qorsuk	grøn
Gelb	Kajortoq	gul

Wochentage

Deutsch	Grönlandisch	Dänisch
Montag	Ataasinngorneq	mandag
Dienstag	Marlunngorneq	tirsdag
Mittwoch	Pingasunngorneq	onsdag
Donnerstag	Sisamanngorneq	torsdag
Freitag	Tallimanngorneq	fredag
Samstag	Arfininngorneq	lørdag
Sonntag	Sapaat	søndag

Monate

Januar	Januari	januar
Februar	Februari	februar
März	Martsi	marts
April	Apriili	april
Mai	Maaji	maj
Juni	Juuni	juni
Juli	Juuli	juli
August	Augusti	august
September	Septembari	september
Oktober	Oktobari	oktober
November	Novembari	november
Dezember	Decembari	december

Allgemeines

ja	Aap	ja
nein	Naagga	nej
Sprechen Sie Englisch?	Engelsk oqaluttarpit?	Taler du engelsk?
Ich verstehe nicht.	Passinngilara.	Jeg forstar ikke.
Wie heißt du /heißen Sie?	Qanoq ateqarpit?	Hvad hedder du?
Ich heiße ...	... - mik ateqarpunga	Jeg hedder ...
Wo wohnst du /wohnen Sie?	Sumi najugaqarpit?	Hvor bor du?
Wie viel Uhr ist es?	Qanoq akeqarpa?	Hvad er klockan?
Deutsche/r	Tyskeq	tysker
Grönländer	Inuk, Plural: Inuit	grønlænder
Däne	Danskeq	dansker
Hilfe!	Ikiunnga!	Hjælp!

Literatur

- **Grönland**, Sabine Barth, DuMont, Köln 2012
- **Auf Schneeschuhen durch Grönland**, Fridtjof Nansen, 1888-1889, Erdmann, Stuttgart 2003

- **Fräulein Smillas Gespür für Schnee**, Peter Høeg, Rowohlt 2007

Bücher aus der Reihe Basiswissen für draußen des Conrad Stein Verlags:

- **Angeln**, Basiswissen für draußen, Band 21, Conrad Stein Verlag
- **Essbare Wildpflanzen**, Basiswissen für draußen, Band 5, Hartmut Engel & Iris Kürschner, Conrad Stein Verlag.
- **Karte Kompass GPS**, Basiswissen für draußen, Band 4, Reinhard Kummer, Conrad Stein Verlag,
- **Wetter**, Basiswissen für draußen, Band 13, Hodgson & Meeno Schrader, Conrad Stein Verlag

Zeitschriften:

- **Nordmeer - Island, Spitzbergen, Grönland. Geo-Special** (4/96). Gruner und Jahr Hamburg

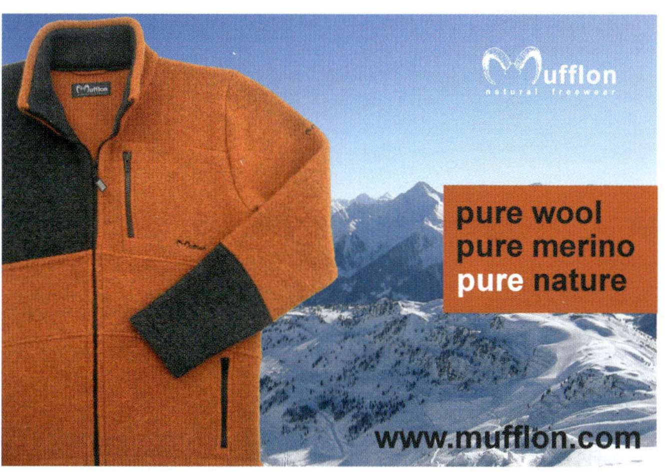
Mufflon
natural freewear
pure wool
pure merino
pure nature
www.mufflon.com

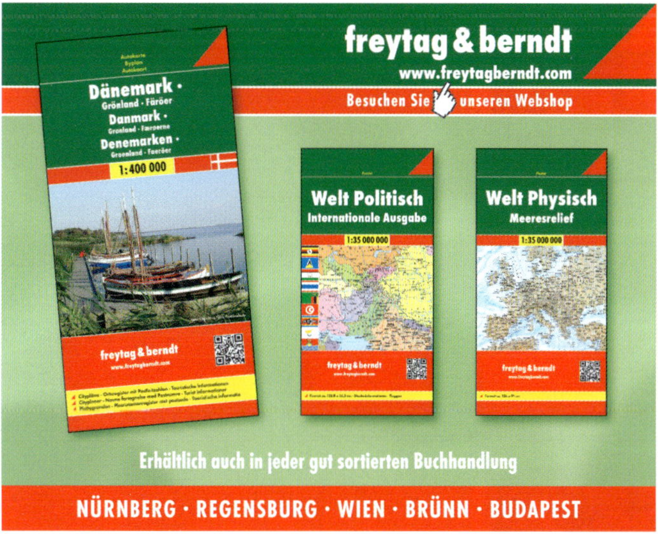

Buchtipps aus dem

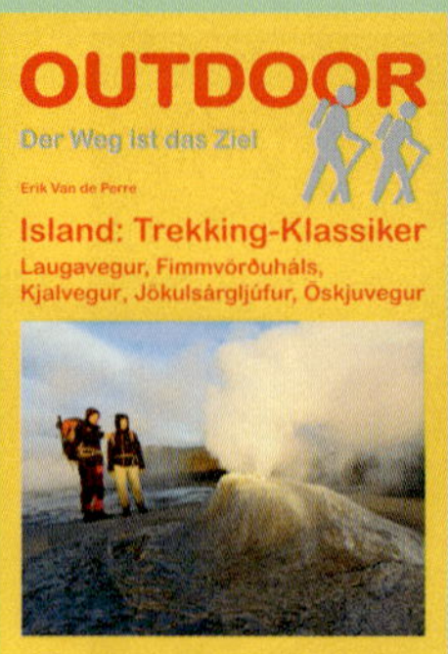

Island: Trekking-Klassiker

Erik Van de Perre
OutdoorHandbuch Band 28
Der Weg ist das Ziel
304 Seiten ▸ 101 farbige Abbildungen
28 Karten und Höhenprofile

ISBN 978-3-86686-411-5

>> **Nordis**: *„Wer in Island auf Trekkingtour gehen will, kommt um dieses Buch nicht herum.“*

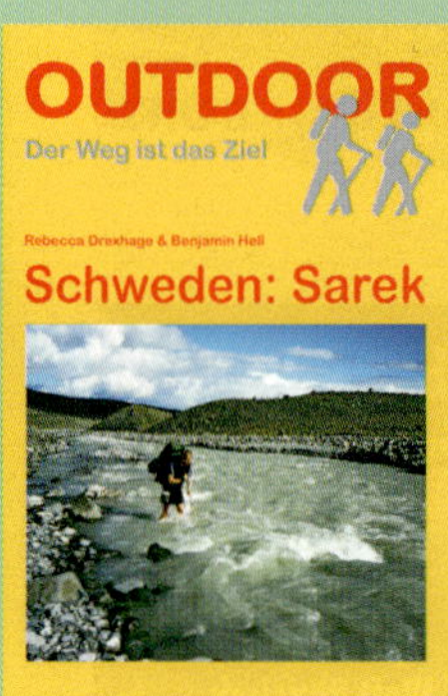

Schweden: Sarek

Benjamin Hell & Rebecca Drexhage
OutdoorHandbuch Band 17
Der Weg ist das Ziel
208 Seiten ▸ 47 farbige Abbildungen
2 Karten

ISBN 978-3-86686-365-1

>> **Nordis**: *„Mit dem OutdoorBuch „Schweden: Sarek“ ist man gut gerüstet für den ersten Outdoor-Trip ins lappländische Fjäll.“*

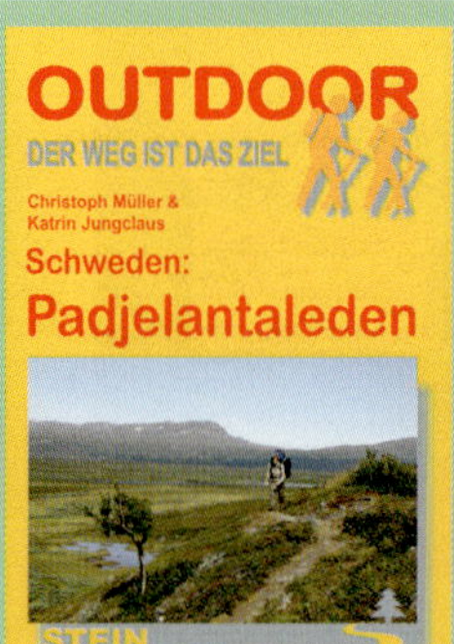

Schweden: Padjelanteleden

Christoph Müller & Katrin Jungclaus
OutdoorHandbuch 261
Der Weg ist das Ziel
89 Seiten ▸ 47 farbige Abbildungen
20 Karten und Höhenprofile

ISBN 978-3-86686-261-6

>> **Nordis**: *„Die Autoren (...) geben Tipps zu Unterkünften, Verpflegung und natürlich zu Verhaltensweisen in der faszinierenden und sensiblen Wildnis.“*

Index

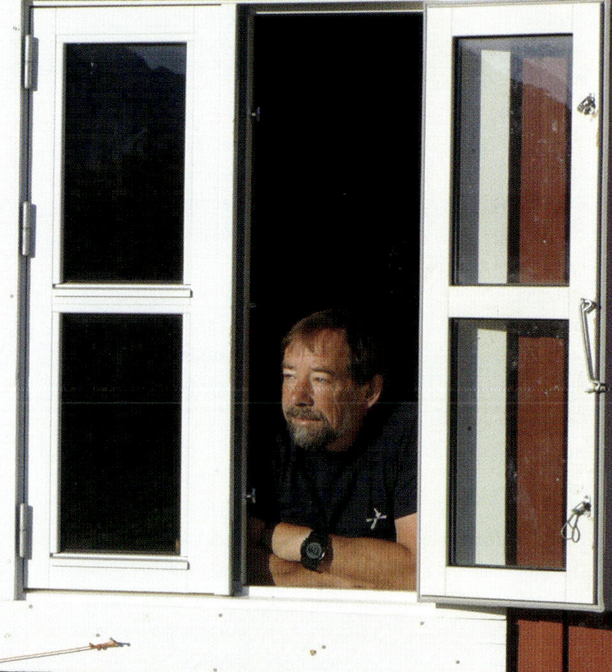

Verträumt den Tag Revue passieren lassen (Innajuattoq II Hütte)